Caliope
editorial

¡SOMOS MAYORÍA!

VS

ELOGIO DE LAS DIFERENCIAS

Pedro Buigues

¡SOMOS MAYORÍA!

VS

ELOGIO DE LAS
DIFERENCIAS

Primera edición: julio de 2017

©Editorial Calíope
©Pedro Buigües
©¡Somos mayoría!

ISBN: 978-84-947419-0-6
ISBN Digital: 978-84-947419-1-3
Depósito legal: M-21217-2017

Grupo Editorial Max Estrella
Calle Fernández de la Hoz, 76
28003 Madrid

Editorial Calíope
editorial@editorialcaliope.com
www.editorialcaliope.com

Para comenzar este libro con buen pie, no se me ocurre mejor frase que el lema de la Psicología:

«CONOCERSE, ACEPTARSE y SUPERARSE.»

Y, también, la famosa frase de Leonardo da Vinci, que afirma lo siguiente:

«NO HAY PLACER MÁS NOBLE QUE EL JÚBILO DE COMPRENDER»

DEDICATORIA

A todos aquellos que la Sociedad o/ y la Iglesia rechazan porque les consideran «diferentes», «inadecuados» y «peores», por uno u otro motivo. Y a todos aquellos que sufren, amargamente y en silencio, la marginación y el estigma —o el sambenito— que la Sociedad o/y la Iglesia les imponen.

A todos aquellos, que, después de leer este libro, sean capaces de cambiar «el chip» y reconsiderar sus prejuicios sobre aquellos otros, que, aparentemente, no son «normales», como los discapacitados de cualquier tipo o los que manifiestan cualquier condición sexual distinta de la ortodoxa, o los alcohólicos, o los oligofrénicos ETC…

A todos aquellos, que, dan un paso más y se atreven a tomar, en público, un café con uno de los «pintorescos personajes» del párrafo anterior, y, hasta llegan a congeniar con ellos. Mucho mejor si, además, consiguen forjar una sólida amistad o, incluso, encuentran la pareja ideal, que no consiguieron en otros ambientes y situaciones.

Y, por fin, a todos aquellos, que, después de conseguir ASUMIRSE, tuvieron el valor de REBELARSE, presentándose en Sociedad, por sus reales, para REBELARSE contra el asfixiante cinturón sanitario de aislamiento en guetos que se les imponía y contra las estructuras sociales que perpetuaban el orden ESTABLECIDO y la ideología DOMINANTE.

PRÓLOGO

**del Psiquiatra Decano de Denia,
Dr. D. Emilio Serrano Herrero**

Estas PÁGINAS que van a leer a continuación tienen indudablemente carácter de TESTIMONIO personal y VOCACIÓN de ayudar a «otros» a realizar un CAMBIO personal, que consiste en ASUMIRSE plenamente, incluso y, sobre todo, en su calidad de «DIFERENTES».

El testimonio está hecho con HONESTIDAD y VALENTÍA, a través de un ANÁLISIS crítico autobiográfico, apoyado en numerosos AVANCES científicos, OBSERVACIONES personales, una NUEVA interpretación de La BIBLIA e incluso en el rico REFRANERO español.

Esto CONVIERTE el libro en fuente de ENSEÑANZA, que se puede, si no GENERALIZAR, si EXTENDERLO a otras personas, que hayan sufrido CIRCUNSTANCIAS similares o que TENGAN un código genético similar.

Con un ESTILO fluido y cambiante, tan pronto SOCARRÓN en sus comentarios, como serio y PROFUNDO en sus reflexiones, se van DESGRANANDO capítulos, que, al final componen una UNIDAD de mensaje.

CONOZCO al autor desde hace treinta y cinco años y he

sido TESTIGO de su lucha y de su evolución y DEBO felicitarle por lo que ha llegado a SER en la actualidad. Y he podido observar, como ha sabido GOBERNAR su vida, «a pesar» de los psiquiatras y otras CIRCUNSTANCIAS vitales (económicas, sociales y familiares), que NO se lo han puesto fácil.

En cuanto a la MORALIDAD de los actos homosexuales —cosa que a él PARECE preocuparle sobremanera— OPINO que, en cualquier caso, son MÁS inmorales los casos de corrupción político–económica, que vienen reflejando continuamente los medios de comunicación.

PRÓLOGO

del COLECTIVO LGTBI

Como dice el refrán: «no hay peor ciego que el que no quiere ver», y ese ha sido y es el problema de casi todas las sociedades a la hora de reconocer la diversidad. Es cómodo describir, clasificar y jerarquizar lo que se ve desde afuera en una construcción teórica que se ve como funcional, es aún más cómodo congelar esta construcción y convertirla en «ideal» y, si las religiones entran por medio, en sagrada, eterna e indiscutible, pero lo que puede funcionar malamente en el organigrama de una empresa o una asociación, tiene poco que ver con una sociedad real y compleja compuesta de seres humanos tan únicos y diversos entre sí que a veces ni se entienden hablando el mismo idioma.

En épocas oscuras, desiguales y tiránicas, sociedades enteras pueden estar aherrojadas en la armadura de la tradición, la superstición, los convencionalismos sociales y la ignorancia científica, pero es evidente que no basta con hacer saltar los grilletes, porque lo que se ha aprendido durante milenios no se olvida en unos días ni en una generación y permanece en el inconsciente colectivo bastante más tiempo.

La diversidad es un hecho, ha estado presente siempre, pero la ceguera impuesta o voluntaria la ha hecho invisible e irrelevante para los que no se sentían distintos, al menos en un alto grado, por eso las páginas que siguen pueden ser iluminadoras para los que aún se debaten con la clasificación de sí mismos, se asustan ante lo que no veían y pasan por el vía crucis de la aceptación de sí mismos y de los demás.

La realidad es variopinta, compleja y a veces contradictoria en lo individual y lo colectivo, pero esa es la naturaleza de verdad, no la teórica acuñada por los escolásticos pre–científicos en la Baja Edad Media, y en esa realidad hay un arco iris de tendencias sexuales que podemos clasificar a efectos de estudio, pero que no podemos graduar exactamente porque son tantas como individuos.

Queda aún mucho por hacer, y en eso están empeñados nuestros colectivos y organizaciones, para que las tendencias sexuales de cada cual sean simples anécdotas sin consecuencias en lo familiar, social y laboral, pero no se trata sólo de derechos e igualdad, sino de respeto y para ser respetado hay que empezar por respetarse a uno mismo, por olvidar lo que nos han enseñado como despreciable por pecaminoso, por no ajustarse a los convencionalismos de género o simplemente por diferente, por no corresponder a los prejuicios de la mayoría.

Pedro lo dice bien claro: revelarse a sí mismo y a los demás, para poder rebelarse contra lo que se ha visto o aún se ve como gigantes, aunque ahora sólo sean molinos de viento.

INTRODUCCIÓN del AUTOR

Es un hecho irrefutable que todos somos DISTINTOS: nacemos diferentes, nos criamos y educamos de distinta manera y nos enfrentamos a la vida cada uno a nuestro aire y con desigual fortuna. SÓLO somos idénticos a nosotros mismos. Y no hay manera de EVITAR la diversidad, salvo creando un aburrido mundo de clones o replicantes. Y, ADEMÁS, cada día que pasa, somos distintos de lo que fuimos el día anterior, porque «lo único inmutable es el cambio», tal y como afirma la famosa sentencia oriental.

Pero la diversidad, no sólo no resulta en MENOSCABO de nada, sino que representa una fuente de RIQUEZA inagotable para los individuos y para la Sociedad, como trataré de demostrar a lo largo de este libro. Muy AL CONTRARIO de lo que estimaba Sartre —«el Infierno es el otro»—, yo PREFIERO ver en cada uno de los demás una OPORTUNIDAD de crecer y de trascender mis limitaciones. Así pues, «el Paraíso es el otro».

NO OBSTANTE, hay diferencias que la Sociedad RECHAZA y ESTIGMATIZA, porque le crean una inseguridad y un miedo atávicos, debido a que cuestionan los «criterios de normalidad» del momento histórico en que se vive. Los tullidos, los enfermos mentales, los sexualmente heterodoxos, los para y tetrapléjicos, los mendigos, los presos, las prostitutas, los oligofrénicos, los obesos, los ancianos, los gitanos, los alcohólicos, los toxicómanos, los fumadores y otros colectivos con diferencias más o menos evidentes, TODAVÍA somos vituperados, escarnecidos y marginados. Rara vez, alguno, CONSIGUE la tolerancia, el respeto y, hasta la aceptación, pero CASI NUNCA la aprobación y el reconocimiento. Se trata de algo INSTRINTIVO y VISCERAL, a lo que POCOS de los «adaptados» pueden sustraerse. Es un fenómeno de la Naturaleza que ALCANZA a todas las especies del Planeta: recuerdo haber visto en una piscifactoría a una trucha con una malformación congénita, condenada a nadar en solitario, porque las demás, la evitaban como al mismísimo diablo[1].

Escribo este libro precisamente para conseguir ese objetivo: la APROBACIÓN y el RECONOCIMIENTO para todos, SIN ningún tipo de PRIVILEGIOS para nadie... No hay ni un solo ser humano del que no se pueda aprender algo, aunque sólo sea lo que no se debe de hacer. Por eso, Jesucristo PRONUNCIÓ aquella frase ejemplar y lapidaria, que recogen los Evangelios y que reza como sigue: «el que esté libre de pecado, que arroje la primera piedra». Y ese objetivo pasa por que todos nos ASUMAMOS, nos REVELEMOS y nos REBELEMOS, con el poder que da el conocimiento consciente de que, todos juntos, ¡SOMOS MAYORÍA!

En definitiva, el ÚNICO mérito de este libro y de su autor, si es que alguno les cabe, consiste en APLICAR, en la práctica diaria, el sentido común, la flexibilidad, la versatilidad y el eclecticismo, que aconseja una famosa sentencia de la sabiduría popular, reflejada en «nuestro REFRANERO»: «hacer de

---

1 (1) Quien QUIERA conocer Quien las RAZONES de «esa resistencia a la compasión y al cambio», DEBERÍA de leer el libro *El gen egoista* de Richard Dawkins, que revolucionó en su día las bases mismas de la teoría de *La evolución de las especies*, de Charles Darwin.

la necesidad, virtud». Y, en este sentido la obra puede ser el EMPUJÓN, que necesito yo, y, que necesitan mis semejantes ,para provocar una CATARSIS generalizada y cambiar, de una vez, La FAZ del Mundo.

EL QUE SUSCRIBE

DESPUES de una vida literaria, más o menos dilatada y divulgada, amparada bajo pseudónimos, que Vds. han acogido con extraordinaria generosidad, SUFRIENDO estoicamente los desvaríos de mi mente inquieta, SEGURAMENTE se preguntarán: ¿quién es este tío?, ¿por dónde va?, ¿qué pretende?; y, sobretodo, ¿de qué pie cojea? Pues miren Vds., vuesas mercedes:

EN PRIMER LUGAR, soy un tipo de complexión sancho-pancesca (por mi afición al «buen yantar») y de talante quijotiano (ya que busco la cuadratura del círculo entre Libertad y Justicia).Y, ASÍ, de esta amalgama variopinta de vinos con denominación de origen, nace una nueva variedad enológica de caldos, cuya CARACTERÍSTICA fundamental consiste en hacer COMPATIBLES el más extremado y desgarrador de los realismos, con el más acendrado y sublime de los idealismos.

EN SEGUNDO LUGAR, soy un simple maestro de pueblo, que encuentra tiempo, entre sus múltiples ocupaciones, para leer, debatir y meditar sobre la más variada gama de temas y plasmar sus conclusiones sobre el papel.

Y, EN TERCER LUGAR, soy, por encima de todo, un buscador de la Verdad, al que nada de lo humano (ni de lo divino), le es ajeno.

Así pues, cumplido, SOBREMANERA, el trámite del «Bautismo», ha sonado la hora de mi «puesta de largo», de mi «presentación en sociedad «y de cruzar «el Rubicón« del anonimato, para descender al Valle de la Claridad y del Conocimiento: de su conocimiento sobre mi persona. Ha llegado el momento de QUITARSE la máscara y REVELARSE, para ser HONESTO conmigo mismo y con los demás.

Por eso, debo decirles, sin falsa modestia, que nada soy, ni nada tengo, sino, tal vez: UNAS IDEAS FILOSOFICO–POLÍTICAS, con las que pretendo inaugurar un Capitalismo «de rostro humano»; UNAS CREENCIAS RELIGIOSAS, a la vez sólidas y sumamente particulares y personales; UNOS POCOS CONOCIMIENTOS, que me convierten en «aprendiz de todo y maestro de nada», cómo si se tratara de «un Hombre Renacentista»; y UNA CAPACIDAD DE DISCERNIMIENTO, que me permite «ver el bosque, a pesar de los árboles».

Tampoco pretendo nada especialmente ambicioso, salvo servirles a Vds. y, por ende, servir a Dios, desde el PENSAMIENTO y la PALABRA, si son tan amables de leer y considerar mis ideas.

Y, ASIMISMO, como cualquier personaje sometido al escrutinio popular, PRESUMO de virtudes públicas, al tiempo que OCULTO mis vicios privados. Y, siendo esto cierto, no deja de constituir una «frase hecha», lo cual, sin duda, tampoco me convierte en el mejor escritor de la Literatura Universal.

Por último, debo decirles, que el tiempo de la opacidad ha pasado y ha sonado el clarín que nos invita a todos a RETRATARNOS. Así, yo no puedo seguir ocultándome tras unos pseudónimos, cuando les invito a Vds. a ASUMIRSE, a REVELARSE y a REBELARSE, con el fin de obtener un mundo más humano y habitable, para todos.

EJEMPLOS DE VARIEDAD

HUMANA

UN CASO PARADIGMÁTICO:
«El vagabundo prodigioso»

Andando yo escaso de recursos económicos, que me permitieran algo más que sobrevivir, y, a punto de perder mi casa, por no haber podido hacer frente al pago de la hipoteca, descubrí que la Iglesia Evangélica había abierto un comedor social para los indigentes; de manera, que pedí permiso para asistir, con la intención de vivir un poco más desahogado Y, así , comencé a codearme con mendigos, prostitutas, alcohólicos, toxicómanos enfermos, sinvergüenzas y delincuentes; tal y como hacía el mismísimo Jesucristo. Sin embargo, tras una criba de los comensales, logre contactar con un pequeño grupo de gente sana y valiosa, con problemas de la misma índole que los míos. Pero, sobre todo, tuve el gran placer de conocer a un individuo único, irrepetible y entrañable, que resultó ser todo un personaje. No diré su nombre de pila, pero sí, que le bauticé como «El Bohemio», por su manera de vestir y de vivir.

No puede entenderse el presente y los planes futuros de este personaje, sin acudir a su historia personal, comenzando por sus 18 años de orfanato: no conoció a sus padres y se consideraba a sí mismo como «el patito feo», pues ninguna familia se decidía a adoptarle; por esta causa , derramó muchas lágrimas. Después, quedó a cargo de unas monjitas, que le consiguieron una pequeña pensión de minusvalía, lo que le permitió vivir según sus deseos: vagabundeando; y, todo esto, al mismo tiempo que trapicheaba con chatarra. Durante muchos años, vivió de la caridad pública o/y privada, durmiendo casi a la intemperie y ahorrando todo lo que podía de su pensión, y sus «negocios», con una finalidad filantrópica, Y, ahora, que disfruta de una pequeña fortuna, pretende invertirla en fundar una ONG, que se ocupe de dar techo y comida a los verdaderamente necesitados, que son legión, a causa de la crisis.

Yo le sugerí, que, mejor que eso, lo que convendría sería, más bien, dar trabajo a las personas sin recursos, montando un negocio, que no estuviese muy explotado, bajo la forma de cooperativa. No recogió el guante, puesto que tiene un tic autoritario, que le lleva a tratar de imponer a sus colaboradores sus ideas, hasta en el último matiz. En sus largas peroratas, se le nota que se siente importante al epatar a sus «discípulos», con su discurso, tan florido como vacuo.

Además, su aparente altruismo, esconde, también, una ambición egoísta: al legar algo a la Humanidad, también se consigue perpetuarse uno mismo y permanecer en la memoria de las gentes, aunque sólo sea porque le pongan tu nombre a una calle. El psicoanálisis define esta actitud, como «una regresión al servicio del ego».

No disfruta de una formación académica, pero maldita la falta que le hace. .De manera autodidacta, se ha preocupado de leer e informarse de todo lo que le concierne. Al día de hoy, posee una gran sabiduría, que muchos universitarios no tienen, porque combina, a la perfección, lo que le han enseñado los libros con su trayectoria vital. Su único problema es que, a veces, no sabe expresarse oralmente como quisiera, pues utiliza palabras que no siempre son las más adecuadas para el caso: hay que .interpretarle.

Se le reconoce la buena voluntad y la generosidad: casi todos los días, nos invita a un refresco en la terraza de una cafetería, simplemente por reunirnos para hablar de ¿nuestros negocios? Pero tiene un pobre concepto de la Humanidad: piensa que todo el mundo sólo se mueve por dinero y que es incapaz de hacer algo desinteresadamente. Y por lo tanto, a nosotros, sus colaboradores, nos regala algo cada día, aunque sólo sean productos alimenticios a punto de caducar, que le dan en los supermercados. Es evidente, que pretende «quedarse con nosotros», o lo que es lo mismo, «ganarse nuestra adhesión a su proyecto». Para llevar a buen puerto sus ideas, necesita acólitos, más o menos subordinados.

Por otra parte, sus anhelos altruistas de fundar una ONG, están paralizados; llevamos meses discutiendo estérilmente sobre «el sexo de los ángeles», sin pasar a la acción y sin tener nada sólido entre las manos: ni un permiso legal, ni un local donde reunirnos, ni unos terrenos a nuestro nombre, donde ubicar el albergue. Me temo mucho que nos quedaremos solo en buenas intenciones. El bohemio es, por ahora y tal y como se dice en francés «un marchand du sable», o lo que es lo mismo, un vendedor de ilusiones. Además, sus cambios de planes son tan frecuentes y radicales, que su inconstancia nos mantiene siempre en la incertidumbre.

Y, cuando encontramos a alguien, que, desde la fe, pretende ayudar y colaborar con nosotros, se pone de uñas y le discute acaloradamente sus creencias, como si éstas fueran un torpedo en la línea de flotación del bajel con el que quiere navegar. Aunque, más tarde, justifique sus actitudes en pasajes de la Biblia.

De la misma manera, quisiera comentar como su atuendo se interpone entre él y sus ilusiones. Se viste como un mendigo, con cierto aire a Cantinflas y el resultado es, como le he advertido en más de una ocasión, que nadie le toma en serio. Pero él persevera en su error, alegando que es una manera de manifestar su rebeldía contra la Sociedad que padecemos. En mi modesta opinión, hay modos mejores y más llamativos de expresar el rechazo contra el Sistema.

Y, además, y para concluir, me interesa hacer constar otro rasgo de su personalidad: acostumbrado a vagabundear y vivir como un pobre de solemnidad, no le cabe en la cabeza el admitir, que los demás seamos más burgueses que él y, por tanto, incapaces de habituarnos a una vida tan bohemia como la suya. Y, así, insiste en solucionar nuestros problemas de vivienda, gastándose sus ahorros en remozar casas en ruinas de las afueras, sin luz, ni agua corriente y, casi sin techo; casas, de las que no es propietario, ni arrendatario, pues sólo cuenta, para habitarlas, con un permiso oral de la Policía Local. Por otra parte, su concepto del «lujo asiático» consiste en dormir sobre colchonetas de gomaespuma de dos centímetros de espesor.

Como pueden deducir Vds. por si mismos, aquí hay algo que no cuadra: o es un bendito, que está más cerca de Dios que nosotros, por su capacidad de prescindir de muchas comodidades y muchos bienes materiales, o es un insensato, que necesita cambiar urgentemente de chip. Se trata de un personaje digno del mejor Cervantes y su Alonso Quijano.

UN SEGUNDO CASO:
«El abogado descarriado»

En primer lugar, tengo que confesar que me ha costado tanto descifrar la personalidad profunda de este caballero camaleónico, que he estado a punto de tirar la toalla. Goza de tantas facetas y, muchas veces, de tantas aristas, que resulta poliédrico y es un típico producto carpetovetónico: desde el mejor dotado de los intelectuales, hasta el más genuino pícaro nacional; desde el más elegante de los abogados, hasta el más harapiento de los indigentes; desde el conversador más agradable por su gracejo manchego, hasta el hombre hastiado de la vida, que me reclama, por mis conocimientos farmacológicos, el remedio infalible e indoloro, que le permita tomar «el Concorde», sin billete de retorno.

Profundamente descreído y narcisista, no entiende más lenguaje que el del hedonismo, a pesar de mis intentos de llevarle al redil de una actitud más desprendida y menos materialista; ¡por su propio interés! Lo único que le preocupa es satisfacer sus deseos y necesidades materiales, que casi siempre están relacionadas con los placeres carnales, en toda la extensión semántica de la palabra. Y, esto, a toda costa. No piensa nada más que en sí mismo con dos o tres honrosas excepciones, entre las que me cuento, y ni se percata de que puedan haber otro tipo de satisfacciones más íntimas, que las del mundanal ruido, con la única excepción de los manuales de Hª y la novela histórica., pero no puede recurrir ni a esta vía de escape dados sus problemas visuales Y no le importa nada, si el conseguir lo que busca, le obliga a hacer algo de dudosa moralidad.

Más astuto que un zorro viejo, sabe muy bien cómo camelarse al personal. Cuando le interesa obtener algo de sus interlocutores y acude para ello al recurso de la adulación, sabiamente combinada con algunas verdades a medias. A mí me halaga atribuyéndome una bonhomía de la que carezco. Y yo mismo he sido «víctima» de sus enredos, a pesar del respeto y afecto, que dice tener por mi humilde persona —y que es correspondido—. Mi respuesta, ha sido «hacerme el loco», para no enajenarme la ayuda de un abogado con cuarenta años de ejercicio, siempre que no se traspasen ciertos límites. No obstante, hay que reconocer, que, de vez en cuando, tiene unos «detalles» con los amigos, que te impulsan a perdonarle sus fechorías y hacer la vista gorda.

Es la única persona, que conozco, en Denia, con la que puedo mantener debates intelectuales politemáticos de gran altura, incluso en la discrepancia, y admito que le admiro por sus capacidades de análisis y síntesis, que le permiten destripar la realidad de un modo muy original y, también. Por su manera de expresarse, que induce, por lo menos, a esbozar una sonrisa, cuando no, a estallar en una carcajada abierta.

Tiene más años encima de los que marca el calendario, debido a sus múltiples adicciones, aunque luego pueda desprenderse de ellas con relativa facilidad, lo que le permite presumir, «a posteriori», de genuina salud mental. Tan importante como esto, en su prematura decrepitud, son sus excesos alimenticios y sexuales. Aunque conmigo se ha mostrado prudentemente ambiguo en este tema, cuentan conocidos mutuos del género masculino, que, si bien tiene un hijo abogado, pierde aceite por los cuatro costados, ya que les ha efectuado proposiciones deshonestas, rayanas en la violación.

Por todo ello, sospecho que su descenso a los Infiernos tiene su origen en la dificultad social para mostrarse como uno es y en el aprendizaje, siempre inconcluso, de nadar y guardar la ropa, para mantener una fachada de respetabilidad, por frágil que ésta sea.

Y, para acabar, una advertencia a navegantes: no le dispute algo que el considere suyo, con vehemencia, porque tiene muy malas pulgas y puede ponerse violento. Y, ese algo, puede ser, simplemente, una lata de cerveza barata. El abogado campechano de costumbre, puede convertirse, entonces, en un energúmeno sin miramientos.

UN TERCER CASO
«El eterno infante»

La primera impresión que produce este niño grande, nada más conocerle, es la de una ingenuidad, lindante con el infantilismo, y la de una persona muy generosa y servicial, aunque luego quede todo en agua de borrajas. Se comprometió a grabarme gratuitamente CD´s de música, desde el soporte en cassette, pero nunca lo hizo.

Partidario acérrimo del ecologismo y de las energías renovables, como forma de expresar su rebeldía ante la sociedad que nos ha tocado vivir, cae en el fanatismo irresponsable de salvaguardar la vida de las cucarachas, bajo el pretexto de que son unos insectos muy aseados, pues se limpian a menudo las patas, frotándolas entre sí; exactamente igual que las moscas.

Debe de ser una persona muy insegura y narcisista, con miedo a no ser querido y aceptado, lo que deduzco del lema del WhatsApp de uno de sus cuatro teléfonos: «Quiéreme, ámame, acéptame…»

Desde hace muchos años, tiene un gran proyecto para su vida, que nunca acaba de cuajar: fundar una emisora de radio, destinada a velar por la Salud del Planeta. Y si no cuaja, «nunca es por su culpa y el no reconocimiento de que debe ser una realidad competitiva en el mundo capitalista que nos ha tocado vivir». Y luego se siente muy insatisfecho, por su baja tolerancia a la frustración, aunque está protegido por una coraza psicológica para no advertir el paso del tiempo.

Por otra parte es un pequeño sinvergüenza, que cree estar más allá de las leyes de la Sociedad y que se cree merecedor de recibir de los demás, sin ofrecerles nada a cambio.

A mí me ha hecho varias jugarretas, pero les contaré solamente una. Me pidió que le prestara una máquina de depilar el vello corporal —que él tiene en abundancia— y cuando le pedí que me la devolviera, me conto la siguiente mentira: «la deje sobre la cisterna del wáter y mis gatos, jugando con ella, la tiraron a la taza del W.C., dejándola inservible» Y, todo ello, sin asumir ninguna responsabilidad, ni compensarme de ninguna manera por la pérdida de la misma. Pero, ¡asómbrense!, la semana siguiente apareció en el bar de nuestras reuniones con el bohemio, sin vello corporal. ¿Vds. qué pensarían?

Tiene miedo al compromiso, como coartador de su libertad. Esto se ve claramente, cuando le pido ayuda para el ordenador, puesto que él sabe mucha más Informática que yo. Pueden pasar meses desde que le pido el favor, hasta que se presenta en mi casa.

Eso sí, cuando el anuncia que vendrá un día a una hora aproximadamente, es seguro que no aparecerá: se distrae con cualquier cosa o persona y se le olvida su amigo, a pesar de que siempre le invito a comer o a cenar.

Ignoro si tiene una vida afectiva y sexual, aunque me consta que conoce a mucha más gente que yo, tanto en Denia, como fuera de ella, suele lamentarse de que tuvo una pareja que le pegaba —sin mencionar su género— pero permanece solo la mayor parte de su tiempo.

Es un claro Síndrome de Peter Pan, porque no quiere salir de una infancia, que fue muy feliz y enfrentarse a la incómoda aceptación de límites de la madurez. Y, para ello, se parapeta tras un libro de autoayuda, que, en uno de sus capítulos invita a abominar del sentimiento de culpabilidad.

MI CASO PARTICULAR:
«Una encrucijada de caminos»

Me gustaría COMENZAR este capítulo de una manera positiva, DÁNDOLES la buena nueva de que, si yo he asumido «mis diferencias», en mi FUERO ÍNTIMO, con espíritu deportivo, Vds. también pueden hacerlo, El SECRETO consiste en cambiar «EL CHIP» de seres despreciables e inadecuados, POR EL DE personas valiosas para nosotros mismos y para la Sociedad. Si nosotros nos codeamos con los demás sin COMPLEJOS, nuestros prójimos no tendrán más remedio que aceptarnos sin RESERVAS. Y quizás descubramos las DEBILIDADES ocultas de esos que nos señalaban con el dedo, porque presumo de que son CIERTOS aquellos refranes que afirman que «en todas partes cuecen habas.» o que «donde menos se la espera, salta la liebre». En definitiva, como humanos que somos, «TODOS guardamos un cadáver en el armario».

Para ACEPTARSE, REVELARSE Y REBELARSE, vale casi cualquier cosa. Lo único que no debe de utilizarse es la PRESUNCIÓN, LA OSTENTACIÓN y EL EXHIBICIONISMO. Tampoco vale exigir PRIVILEGIOS para nadie; todos juntos, en pie de IGUALDAD. Puedo afirmarles que, EN MI CASO, para lograr esa aceptación íntima, han COINCIDIDO dos factores decisivos: la fe y la humildad., POR LA FE, he sabido, a ciencia cierta, que Dios me ama, como hijo suyo, con todas mis virtudes y todos mis defectos. Y de la fe y de una larga y grave enfermedad, he APRENDIDO la humildad, que me lleva a no considerarme DEMASIADO en serio; he aprendido, que no soy el Centro del Universo y me tomo a PITORREO. No me PREGUNTEN cómo, dónde, ni cuándo se ha producido el milagro, porque ni yo mismo lo sé.

Para explicarles la GÉNESIS de «mi diferencia» tendría que apelar al socorrido recurso de escribir mi autobiografía, Sin embargo, considero que este no es el momento OPORTU-NO para mirar al pasado .En capítulos POSTERIORES, les aburriré con mi historia personal y hasta puede que les haga llorar con las MISERIAS morales que he tenido que sufrir. Pero, ahora, es el momento de CENTRARSE en el presente , sin volver la vista atrás y con el OBJETIVO declarado de lograr ser más felices en el futuro.

Tal y como afirma el subtítulo de este capítulo, mi caso no es UNÍVOCO. En mí, CONFLUYEN varios caminos, que se entrecruzan, o, lo que es lo mismo, me AFECTAN varios elementos diferenciadores, que se retroalimentan los unos a los otros. Y, ASÍ, de esta manera, me convierto en una criatura ÚNICA; tal y como suele decirse: «conmigo, se ROMPIÓ el molde». Si de una parte, soy un fumador empedernido y tengo tendencia a la obesidad, de otra, padezco un trastorno mental —bastante independiente del estado del mobiliario de mi azotea— y arrastro una cierta indefinición sexual.

Sé, que, esto último, creará MORBO, pero yo intentaré abordarlo con RIGOR, para que todo el mundo se dé cuenta de la gran RIQUEZA que Dios me ha dado, muy A PESAR de los que conservan prejuicios impropios del siglo XXI.

En cualquier caso, TRATARE estos temas en futuras entregas de este libro.

NOCIONES DE PSIQUIATRÍA

Las enfermedades mentales son TAN antiguas COMO la propia Humanidad; de hecho, conservamos PRUEBAS de trepanaciones efectuadas por culturas, que se remontan al ORIGEN de los tiempos. No obstante, se han convertido en una auténtica PLAGA del Mundo Moderno y, especialmente, de la Sociedad Capitalista. Y se PREVEE que su crecimiento en los próximos años sea exponencial. El psiquiatra ha SUSTITUIDO al confesor y la psicoterapia a los ritos religiosos. Y los PSICOFÁRMACOS ayudan, más que el alcohol, a «olvidar las penas».

Las enfermedades psíquicas HUNDEN sus raíces en los arcanos de la GENÉTICA y en los CONFLICTOS inconscientes, que produce una educación REPRESIVA, sobre todo en lo que atañe al tema SEXUAL. Las NEUROSIS son, por lo general, patologías MENORES, que resultan de una manera equivocada de afrontar la realidad, pero sin llegar a perder el contacto con la misma. Muchos ENFERMOS ni tan siquiera se dan cuenta de su CONDICIÓN , BIEN porque sus síntomas son sólo somáticos, BIEN porque sus «neuras» circulan en la misma dirección que las de la propia sociedad; un buen ejemplo de neura jaleada por la Sociedad sería el «donjuanismo», y, también, «la ambición desmedida», es decir, el deseo de alcanzar «el éxito» a toda costa, olvidándose, incluso, del respeto a los demás Y, SÓLO un grave TROPIEZO en su plácida existencia, que SOBREPASE su capacidad de adaptación, hace BROTAR la patología oculta. Así pues, todos los estudios serios, comenzando por el del Dr. Marañón, sobre la personalidad del Tenorio —prototipo del macho latino— coinciden: D. Juan padecía una homosexualidad latente, al igual que cualquier varón, que, habiendo conocido física y mentalmente a cientos de mujeres, no encuentra ninguna lo suficientemente buena para formar una pareja estable.

Algunas personas son PROPENSAS a desarrollar depresiones y ansiedades varias, mientras que otras personas, parecen INMUNES al desaliento, de la misma manera que, algunos, parecen estar VACUNADOS contra las adicciones.

Y, finalmente, las enfermedades mentales GRAVES, que suponen una pérdida total del contacto con la realidad, tienen un efecto tan DEVASTADOR sobre el que las padece y su entorno, que podrían CODEARSE con las peores patologías físicas, tales como el cáncer o la esclerosis múltiple. Y, a veces, se hace necesaria la HOSPITALIZACIÓN del paciente, porque, éste, se convierte en un peligro para él mismo o/ y para los demás. La cosa SE PONE más fea, cuando a la enfermedad de base, se le añade la ADICCIÓN al alcohol o/y a las drogas ilegales. RECUERDEN SIEMPRE que dos genios de la literatura y el arte acabaron suicidándose: Kafka, ante la imposibilidad de superar su Complejo de Edipo, y Van Gogh, por su esquizofrenia, después de haberse mutilado previamente una oreja .Y no OLVIDEN tampoco nunca, que Edgard Allan Poe componía sus relatos de terror bajo el efecto de los accesos de «delirium tremens» resultantes de su alcoholismo

En el año 1960, el psiquiatra inglés, Ronald David Laing, creó una corriente de opinión médica, denominada ANTIPSIQUIATRÍA que, aún colea por ahí, bajo la capa de la Secta conocida como «Iglesia de la Cienciología» y su Biblia, que se llama «Dianética», aunque, al final de su vida, el fundador del movimiento se retractara de su paradigma.

El Dr. Laing, resumiendo mucho, NEGABA la locura y la reducía a una INADAPTACIÓN del paciente a las rígidas normas de conducta, y convivencia, que le imponía la Sociedad y que se manifestaba con toda una rica gama de síntomas —por ej.: hablar sólo o/y vestir desaliñado o/y pronunciar palabrotas compulsivamente—. Para el Dr. Laing el ESQUIZOFRÉNICO era alguien al que , en un momento crítico de su vida, le fue interrumpido su desarrollo psíquico, debido a una experiencia traumática muy temprana y su solución era manifestar su dolor e impotencia con crisis psicóticas —una ESTRATEGIA desarrollada por el individuo para poder soportar lo insoportable—. Y PROPONIA un tratamiento con el mínimo de fármacos posibles, más sesiones humanitarias de psicoterapia y entrenamiento en habilidades sociales, que le permitieran CURARSE, al lograr la reorganización de su personalidad fragmentada y dividida. Además SE OPUSO a los bárbaros tratamientos usados entonces: ETC, coma insulínico y, si todo esto no bastara, lobotomías, que reducían a los pacientes a un estado vegetal.

HOY, se ha llegado a un amplio ACUERDO médico–psiquiátrico, a escala mundial, que NO niega la enfermedad, pues en muchas ocasiones tiene un gran componente genético —ej.: La Esquizofrenia— pero, TAMBIÉN, que es necesaria la psicoterapia, es decir, el análisis y consejo psicológico y las medidas de integración social y laboral, y también, las actividades creativas para el ocio.

Afortunadamente, la Ciencia EVOLUCIONA cada día con más rapidez, eficacia y puntería. En la actualidad, disponemos de una NUEVA generación de medicamentos capaces de controlar los síntomas de la mayor parte de las patologías psiquiátricas (incluida la esquizofrenia paranoide), SIN los graves y molestos efectos secundarios de sus antecesores Y, por fortuna, los sanatorios mentales de nuestros días son más HUMANITARIOS que los antiguos manicomios.

Pero la salud mental, NO depende SÓLO de la medicación, sino TAMBIÉN de un ambiente propicio (por ejemplo, una familia colaboradora) y de una actitud positiva por parte del paciente. (por ejemplo, el empeño en salir del pozo). Y, con esta finalidad, se han desarrollado toda una batería de recursos psicoterapéuticos y de ayudas psicosociales. PERO todo este arsenal de medidas paliativas o/y curativas, todavía NO es suficiente; si el enfermo NO es capaz de hacer algo por el mismo y por los demás. Y, esto pasa, de nuevo, por lo que vengo proclamando, sin cesar, en este libro: los enfermos mentales debemos de ASUMIRNOS, REVELARNOS y REBELARNOS.

TRASTORNO BIPOLAR

Afortunadamente, ya no se usa el apelativo «PSICOSIS MANÍACO–DEPRESIVA» para denominar a esta enfermedad, pues NO se trata de un trastorno psicótico de la personalidad, sino de una PATOLOGÍA genética, cíclica. y crónica del «HUMOR»—se le denomina también como Trastorno Afectivo Bipolar—, provocada por un fallo en «el TERMOSTATO cerebral», que REGULA tanto «el estado de ánimo» como el «tono vital». La ÚNICA relación que guarda con las psicosis consiste en que se pueden llegar a desarrollar, en los casos más graves, síntomas tales como agresividad o alucinaciones,

DURANTE la fase alta de la enfermedad, conocida también por fase MANÍACA, como penosa HERENCIA de su nombre original.

«El Trastorno Bipolar», del que ya hay casos descritos en el S. II A.C., es una patología GRAVE porque PROVOCA un intenso sufrimiento anímico y DISTORSIONA la PERCEPCIÓN de la realidad al MANTENER «el humor» entre dos extremos bien definidos —con INTERVALOS de fases asintomáticas— la más NEGRA de las depresiones o la más DESMEDIDA euforia. En el primer caso, junto al pesimismo, el llanto, la tristeza, la pérdida de autoestima, los sentimientos de soledad y abandono, los pensamientos suicidas, etc., aparece, en mayor o menor medida, un SÍNTOMA llamado técnicamente «inhibición psicomotora», que, en las depresiones mayores, DEJA al paciente HECHO un triste guiñapo, absolutamente INCAPAZ de valerse por sí mismo, de relacionarse, e, incluso, de RAZONAR con claridad y coherencia; y, en último extremo, con DIFICULTADES hasta para alimentarse y asearse, por sí mismo. Yo mismo, he llegado a negar y asentir con la cabeza, para evitar el «gran esfuerzo», que me producía hablar.

Por otra parte, las fases de EUFORIA., se caracterizan por una exagerada exaltación del ánimo, sin nada externo que lo justifique —propongo el término de Fase EXULTANTE para sustituir al de F. Maníaca—.ASÍ, sentirse de un espléndido buen humor, con mucha energía física y mental, muy seguro de uno mismo, sin inhibiciones y sin necesidad de dormir, son síntomas de manía y suelen PRODUCIR dramáticas consecuencias, tanto para la Sociedad, como para el enfermo: hablar y gastar más de la cuenta, no pueden traerle nada bueno a nadie.

En la Hª podemos encontrar, INFINIDAD de nombres destacados, que padecieron esta enfermedad y, que, sin embargo, triunfaron en sus respectivas profesiones o/y aficiones. Por ejemplo: El premier británico Churchill era «ciclotímico», es decir, sufría una versión benigna de la Depresión Bipolar .Y, no olvidemos que el maestro de nuestro teatro del Siglo de Oro, Lope de vega, era un bipolar declarado, pues, según su propia confesión: «en horas veinticuatro / pasaron, de las musas, al teatro»; de ahí, su prolífica producción literaria. Y los últimos estudios sobre la psique de D. Quijote, inclinan a pensar que D. Alonso Quijano era un enfermo bipolar, que confundía, de manera alucinatoria, los molinos de viento con gigantes, en sus etapas de exaltación del ánimo.

POR FORTUNA, hoy, DISPONEMOS de un amplio arsenal terapéutico, para COMBATIR las crisis, sean depresivas o maníacas, y, TAMBIÉN, de fármacos «normotímicos» o «moduladores», que PROLONGAN las fases asintomáticas «ad infinitum». Y, si el paciente, SE CONVIERTE en un peligro para sí mismo o/y para los demás , se le da a elegir entre una inyección sedante tipo depot —de depósito o de liberación retardada— o el ingreso en una institución psiquiátrica moderna, mucho más humanitaria que los antiguos «hospitales psiquiátricos», de donde uno acababa saliendo más «zumbado» de lo que entró.

Sin embargo, TODAVÍA tenemos algunas LIMITACIONES: por ejemplo, los pacientes que no toman la medicación y, peor aún, aquellos que mezclan los psicótropos con el alcohol, con el café —en cierta medida— y, sobre todo con las drogas ilegales. ADEMÁS DE que las reacciones individuales ante los fármacos son impredecibles: sin intención de ponerme como ejemplo, yo TOLERABA, sin efectos secundarios graves o molestos, más de 30 mg de olanzapina, cuando otras personas no podían soportar ni 5 mg de este neuroléptico de nueva generación pues les producía una intensa somnolencia y un significativo aumento de peso, con retención hídrica.

Y, poniendo punto final a este capítulo, me interesa DE-NUNCIAR, el falseamiento de la realidad, que supone DE-NOMINAR a cualquier patología psiquiátrica como Depresión o/y Trastorno Bipolar, porque es la moda, o para ocultar otras enfermedades de la esfera psíquica, menos conocidas y toleradas, tales como una NEUROSIS OBSESIVO–COMPULSIVA, un Trastorno de la Personalidad o UNA ESQUIZOFRENIA: No cabe todo en el mismo cajón de sastre y cada palo debe aguantar su vela. Las ENFERMEDADES–COMODÍN, para el alegre disimulo, deberían ser denunciadas por los mismos MÉDICOS, para evitar el insano *Totum Revolutum*, en el que nos desenvolvemos.

Así pues, no me cansaré de repetirles que los AUTÉNTICOS pacientes BIPOLARES debemos ASUMIRNOS, REVELARNOS y REBELARNOS, para desenmascarar a los timadores y poder convivir ARMONICAMENTE con nuestros semejantes.

BISEXUALIDAD

Es público y notorio que existen múltiples variantes de la sexualidad humana, pero, habitualmente, no suele caerse en la cuenta de que NADIE escoge su CONDICIÓN sexual —y fíjense que no digo su OPCIÓN—. Un buen o mal día, las personas se hacen conscientes de cuáles son sus gustos de alcoba., que resultan de la interacción entre su carga genética y determinados aprendizajes de la infancia y adolescencia. Nadie debería, pues, ser ESTIGMATIZADO por sus tendencias sexuales. Ni tan siquiera, se debería de DEFINIR a las personas en función de su libido, que sólo representa una FACETA más de la personalidad. Se trata, en suma, de una ANÉCDOTA entre la riqueza de características y matices de un ser humano. Los seres humanos somos, ante todo. PERSONAS y, después, pobres o ricos, gordos o flacos, altos o bajos y, finalmente homo, hetero o bisexuales. En realidad, solo se debería etiquetar a la GENTE como BUENAS o MALAS personas Pero las REGLAS del JUEGO son las que son y no podemos substraernos a ellas; al menos, por ahora.

La bisexualidad resulta ser una CATEGORÍA filosófica bien distinta de la homosexualidad o de la heterosexualidad, pues TRASCIENDE la suma de las dos, SUPERÁNDOLAS.

Ser BISEXUAL[2] implica la POSIBILIDAD —no la necesidad— de tener INTIMIDAD sexual, afectiva y emocional con personas de ambos géneros. Un bisexual NO es un señor medio maricón, porque, este último—con todos mis respetos—, carece de alternativa. Y TAMPOCO se trata de no ser «ni chicha, ni limoná» o de ser Hermafrodita, como muchas especies del mundo animal y vegetal. Así, se nos podría considerar como el «TERCER SEXO», porque, en realidad, somos un «HÍBRIDO» que brilla con luz propia, de la misma manera, que una pavía es un fruto muy diferente —y con características particulares—, de aquellos otros que le engendraron, pues proviene, originalmente, de un injerto entre los árboles del melocotón y del ciruelo. Así mismo, algunos nos llaman SUZUKIS, por la famosa marca de vehículos todoterreno. Dicho con otras palabras, somos seres sumamente VERSÁTILES, que, a semejanza de las costureras de antaño, servimos tanto para un roto, como para un descosido. ASIMISMO, cabría poner otro ejemplo esclarecedor: el gobierno Chino afirma que «son SÓLO un país, pero con DOS sistemas»; PUES BIEN cada uno de nosotros, somos una sola persona, pero con dos naturalezas distintas.

De todos modos, la bisexualidad NI TAN SIQUIERA puede ser incluida dentro del catálogo de las perversiones sexuales, o PARAFILIAS, porque se trata de una práctica COMÚN en el seno de cualquier colectivo de hombres o/y mujeres, que permanece aislado del otro sexo durante periodos prolongados, tales como los marinos de siglos atrás con sus largas travesías transoceánicas en veleros, los presos de todos los

---

2 Quien tenga interés en saber más acerca de lo que significa la bisexualidad, puede adquirir el libro *Barry y Alice: Retrato de un matrimonio bisexual* y también el libro del Dr. Michael Carrera, titulado *SEXO* y editado por Folio.

tiempos o los miembros contemporáneos de las expediciones invernales a la Antártida. SIN excitación sexual, NO serían posibles lo encuentros HOMOERÓTICOS entre ellos.

Por otra parte, CUALQUIER hombre, por heterosexual que sea, es CAPAZ de reconocer, elementos, más o menos estéticos, en otro hombre, SIN que haya ningún tipo de atracción física. Y si no lo hace es por «FALSO, pudor masculino», ante la posibilidad de que OTROS hombres pongan en cuestión su virilidad. Es evidente que los cuerpos de Leonardo di Caprio, Brad Pitt, Alejandro Sanz o Mario Casas, resultan más agradables de ver que los de Danny de Vitto o Santiago Segura. AFORTUNADAMENTE este tabú no existe entre las MUJERES, que son en este tema más desinhibidas: el hecho de que una mujer elogie público la belleza o elegancia de otra mujer, no la convierte en sospechosa de nada.

Los BISEXUALES abarcamos toda la HUMANIDAD, sin limitaciones ni fronteras. Y lo mismo disfrutamos del juego narcisista del «alter ego», como nos abrimos al diálogo entre los principios masculino y femenino, entre el ying y el yang.. Es el ESTADO puro y perfecto de las personas LIBRES, que dará origen a una NUEVA Humanidad más amorosa y fraternal y menos competitiva y cejijunta.

Freud definía al NIÑO como un «perverso polimorfo». Y, como siempre, estaba en lo cierto: yo soy un ejemplo vivo. En diferentes etapas de mi juventud y por diferentes motivos, he COQUETEADO con todas las perversiones sexuales posibles, menos la transexualidad y la pederastia. Por poner un ejemplo, les contaré que hubo un tiempo en el que, involuntariamente, descubrí el poder gratificante del SADOMASOQUISMO. Estoy, pues, en condiciones de revelarles, que la sensación simultanea de placer y de dolor, resulta ser el SÚMMUM del placer. Con el paso de los años fui DESECHANDO todo aquello que no casaba con mi personalidad y acabé en el lugar que ahora ocupo: una cierta AMBIGÜEDAD sexual. Si de una parte, disfruto de una PERSONALIDAD muy masculina, de otra, me honro en sufrir una SENSIBILIDAD virginalmente femenina. Las consecuencias son evidentes, me guste o no me guste. Así, que, para ser HONESTO conmigo mismo y con los demás, es mejor ACEPTARLO y CONFESARLO, que vivir a bofetadas con esa otra parte de mí. Esto supone, en palabras de Terencí Moix, desprenderse de «EL PESO DE LA PAJA». Por lo menos, quienes se dignen acercarse a mí, lo harán con conocimiento de causa.

En cualquier caso, no soy el ÚNICO individuo «sospechoso». Me AVALAN la Historia y la Estadística. PERSONAJES tan brillantes como Leonardo de Vinci, Freddy Mercury, Oscar Wilde o Federico García Lorca padecían EL MISMO «vicio» que yo. Y, hasta prototipos de masculinidad, como Julio Cesar, eran objeto de comentarios indiscretos y maliciosos; en toda Roma, se le conocía como «el marido de todas las mujeres y la mujer de todos los maridos». Y SUMA y SIGUE... Por otra parte, los ESTUDIOS sobre la sexualidad humana de Master y Johnson, KINSEY y Hite, revelan que, lo ESTADÍSTICA-MENTE NORMAL, sería la bisexualidad, en toda una amplia gama de GRADOS de las tendencias homoeróticas, mientras que en los dos EXTREMOS se situarían las MINORÍAS de los exclusivamente definidos por una u otra opción. El que esa mayoría bisexual ponga en práctica esa ambivalencia, o no, ya es harina de otro costal: muchos prefieren mutilar esa otra cara de la moneda para disfrutar de ¿una mejor inserción social?, o, de una ¿dichosa vida familiar?

En la práctica los MONOSEXUALES son «los auténticos «bichos RAROS», pero SON también los que tienen «la sartén por el mango»: los homosexuales puros ya tienen su propia lucha y, en la práctica, constituyen un «LOBBY», que hace valer sus puntos de vista ante los Poderes Públicos y hasta consiguen arrancarle a la Sociedad algunos privilegios. Incluso el mismísimo Santo Padre actual, El Papa Francisco —tal y como le gusta ser denominado—, ha reconocido, públicamente, que en el Vaticano existe un lobby gay. Y, en la acera de ENFRENTE, se sitúan los heterosexuales puros, que aún dominan los resortes del PODER y legislan a su medida.

Justo EN EL MEDIO, nos situamos los AMBIVALENTES, condenados a sobrevivir OCULTOS bajo las sombras de una sociedad farisea, SIN poder INTEGRARNOS en ninguno de los dos bandos, porque NO damos la talla exigida por cualquiera de los dos extremos y carecemos del PEDIGRÍ, que nos exigen de una y otra orilla: «la PUREZA de sangre». Los BASTARDOS, como nosotros, no tenemos más solución, que ASUMIRNOS, REVELARNOS Y REBELARNOS. Es MÁS que PROBABLE, que, de esta manera, encontremos el RESPALDO público, que nos merecemos, y alcancemos el PODER y la INFLUENCIA que nos corresponden.

Y, por si todo lo dicho fuera poco, quisiera concluir este capítulo, con una ADVERTENCIA a los «SIETEMACHOS homófobos», para que nadie pueda llamarse a engaño: no existe NINGUNA garantía de que esos «GALONES», de los que tanto presumen, venga a cuento, o no, brillen SIEMPRE con el mismo fulgor. Los estudios sobre la sexualidad humana revelan, también, que la orientación sexual humana, no tiene porqué permanecer fija e inmutable para siempre. ES bastante CORRIENTE, que las personas se SITUEN, a lo largo de su vida, en DIFERENTES peldaños de la escalera de grises, que separa el blanco del negro absolutos. Así pues, es MEJOR para todos, que nadie PRESUMA de nada, ni se ATREVA a decir: «de este agua, no beberé». De lo contrario, Dios podría castigarles con un hijo gay.

La bisexualidad suele ser una orientación permanente. Sólo en algunas pocas ocasiones, se convierte en una estación de paso, es decir, en una ETAPA del desarrollo psicosexual de una persona, que hay que quemar PARA acabar DECÁNTA-DOSE hacia uno de los dos extremos de la balanza.

En lo que a mí respecta, se producen CAMBIOS en las preferencias libidinosas —al igual que en mi autoimagen y mi autoestima—, con los CAMBIOS «de humor», que CARAC-TERIZAN a la enfermedad psíquica que padezco: de ahí, que me resulte DIFÍCIL la convivencia en pareja con cualesquier de los miembros de ambos géneros.

FINALMENTE, debo añadir que mis RELACIONES con cualquiera de los miembros de ambos sexos, gozan del mismo compromiso de pareja y SON igualmente gratificantes, pero dejan un paladar DISTINTO. Mis relaciones eróticas con HOMBRES, son más viscerales, pues hacen referencia a la pura sexualidad animal, con muy poco compromiso afectivo. En cambio, con las MUJERES, soy capaz de entablar sólidas relaciones emotivas, con o sin sexo. Pero siempre me tropiezo con el mismo PROBLEMA, en cualquiera de ambos casos: mis parejas encuentran «DIFICIL» manejarse en una RELA-CIÓN así, que PODRÍA degenerar en TRIÁNGULAR, aun-que sus TEMORES sean sólo FANTASMAS: me sobra con un objeto del deseo.

Para DETERMINAR la orientación sexual de una persona hay que CONSIDERAR tanto los actos como las emociones, que, a veces, NO son coincidentes: los actos pueden ser de una manera y las emociones de otra. Solo cuando AMBOS están en una misma línea SE PUEDE afirmar el grado de bisexualidad de un individuo, según la escala de Kinsey. Así pues, a la luz de lo que les he contado sobre mi respuesta sexual, me SITUARÍA en el tercer nivel de dicha escala: la bisexualidad absoluta.

DISCÚLPENME las señoras, si me ocupo más de los hombres bisexuales, que de las mujeres de tal condición. LAS RAZONES son obvias por evidentes: Dios me ha encarnado como varón y, por tanto, CONOZCO bastante MEJOR la actitud de los hombres ante el sexo. Los hombres siempre estamos dispuestos para la batalla, mientras que las mujeres suelen SER MÁS calculadoras, por muchos motivos: la posibilidad de ser madres y el bienestar de los hijos, su propio bienestar en la relación de pareja, el aspecto y el bolsillo de sus amantes, etc. Y, para más inri, su COMPROMISO de pareja suele ser más sólido que el de los varones.

CADA VEZ MÁS CLARO:

Hay pruebas de causas biológicas que predisponen hacia una orientación psicosexual u otra

Tan REDUCCIONISTA resulta atribuir las tendencias homosexuales de algunas personas AL CUMPLIMIENTO de las teorías psicoanalíticas (familiares, culturales y sociales), COMO dar por sentado QUE TODO obedece a la herencia y la genética. LO MÁS PROBABLE es que constituyan una amalgama de ambos orígenes: se trataría de encontrarse en el lugar oportuno en el momento justo; UNA LOTERÍA, en suma. PROBABLEMENTE haya tres tipos fundamentales de homosexualidad: las genéticas, las aprendidas desde la más temprana infancia y las mixtas.

El comportamiento homosexual NO ES exclusivo de los seres humanos; TAMBIÉN se observa, con frecuencia, EN ANIMALES: en monos o en pingüinos, sin ir más lejos. Asimismo, a veces, las vacas, cuando no tienen un toro que las monte, simulan cópulas con otras vacas, en un acto que se podría llamar lésbico.

SIN EMBARGO, aquí me toca hablar de los avances de la Neurociencia en la determinación del comportamiento sexual de las personas. SI ACASO, la genética puede ser un factor más determinante que otros que también intervienen. Y soy consciente de que ENTRO en un terreno RESBALADIZO, dada mi casi absoluta ignorancia acerca de las ciencias que voy a tratar de contarles, después de múltiples lecturas y relecturas.

Así, en 1985, Richard Pillard y James Weinrich, dos especialistas de la Universidad de Boston, REALIZARON un seguimiento de los árboles genealógicos de «gays» estadounidenses Y CONCLUYERON que el 57% de los hermanos gemelos idénticos (monocigóticos) de un homosexual es, asimismo, homosexual. La probabilidad disminuye al 24% cuando el hermano no es gemelo idéntico (dicigóticos) y, al 14% si se trata de hermanos biológicos no gemelos. En el caso de un hermano adoptado la proporción no supera el 6%.

POR OTRA PARTE, en agosto de 1991 el Dr. Simon LeVay —científico gay al que le obsesionaba encontrar una explicación de su homosexualidad— publicó un artículo en la prestigiosa revista Science, en el que ASEGURABA que determinada zona del cerebro de los varones homosexuales era de menor tamaño, que la misma zona de los heterosexuales, de igual manera que ocurría en las mujeres. SE TRATA DE una pequeña zona situada en la parte inferior del encéfalo, conocida como el núcleo intersticial del hipotálamo 3 —INAH3—, que según lo conocido hasta entonces era considerada una parte del cerebro determinante del comportamiento sexual de la gente. El ÚNICO REPROCHE que se le puede hacer a este estudio es que todos los miembros de la muestra provenían de cadáveres de varones gays fallecidos por SIDA.

Estos descubrimientos, llevaron al Dr. Dean Hammer —del Instituto Nacional del Cáncer estadounidense— a intentar ENCONTRAR EL GEN de la homosexualidad, INDAGANDO si hermanos homosexuales compartían genes similares que estuvieran involucrados en su condición sexual. Y, de esta manera DESCUBRIÓ, en 1993, que, en el brazo largo del cromosoma X, existe una zona conocida como Xq28,que es compartida por la inmensa mayoría de los hermanos homosexuales y por la madre; esta zona, en cambio, está ausente —o es distinta— en el padre y los hermanos heterosexuales Hasta entonces sólo se sabía que esta estructura del encéfalo determinaba el comportamiento sexual en animales MÁS TARDE, el Dr. Alan Sanders, de la Universidad de Chicago CONFIRMÓ este descubrimiento Y AFIRMÓ que otra zona del ADN también presentaba alteraciones: la zona 8q12, que también interviene en la sexualidad de las personas.

Y, por si todo esto fuera poco, RECIÉNTEMENTE, un grupo de investigadores de EEUU —del Instituto de Ciencias Biológicas—, han descubierto nuevas evidencias de que EL CEREBRO de los homosexuales masculinos es distinto del de los heterosexuales. Estos científicos ENCONTRARON una estructura importante, que enlaza los dos hemisferios del cerebro y que se sabe que es mayor en las mujeres que en los hombres; pues bien, es aún mayor en los «gays».

TODOS estos descubrimientos, parecen SUGERIR que la homosexualidad no está relacionada con ninguna zona del encéfalo, SINO QUE parece cambiar la estructura de todo el cerebro, SEGURAMENTE debido al nivel de testosterona circulante en el torrente sanguíneo de la madre gestante. Según el Dr. LeVay: «Algo anormal ocurre cuando el cerebro se organiza en la vida fetal… Es una EVIDENCIA más CONTRA aquellos que argumentan que la homosexualidad es una elección y, por tanto, algo inmoral.»

Nadie, en la comunidad científica, se atreve, con lo que conocemos hasta ahora, a hablar de DETERMINISMO genético de la homosexualidad, pero sí de PREDISPOSICIÓN. La expresión de los GENOTIPOS requiere también de una exposición a factores ambientales y educativos DESENCADENANTES —haciendo que se expresen, o no, los genes implicados en cada orientación sexual— y, por tanto, las experiencias personales —FENOTIPO— también contribuirían a definir las inclinaciones sexuales del individuo.

En cambio, la manera en que estas personas hablan, se visten o se mueven para exhibir su condición o atributos sexuales, sí que tendría mucho más de aprendido, que de heredado.

NO existen —O NO he podido encontrar— estudios sobre la homosexualidad femenina, ni TAMPOCO sobre la bisexualidad.

Hasta aquí tienen Vds. los DATOS. Saquen las CONCLUSIONES que estimen oportunas.

BREVE RESEÑA HISTÓRICA

Los actos homosexuales NO han sido considerados SIEM-PRE como algo antinatural, degradante y deshonroso. En la ANTIGÚEDAD CLÁSICA y, especialmente, en la Vieja Grecia, la homosexualidad NO SOLO era aceptada, SINO INCLUSO bien considerada. Los filósofos griegos solían mantener contactos homoeróticos con sus pupilos preferidos —«efebos»—, independientemente de que tuvieran esposa e hijos, o no.

Este RASGO cultural y social se INCORPORÓ luego a la Civilización Romana, HASTA que, bien entrado el siglo III. d. C. el Imperio Romano ADOPTÓ el Cristianismo como la religión oficial. A partir de entonces, CAYO una pesada losa sobre la homosexualidad, pues SE INVIRTIERON los valores culturales y sociales de una moral NATURAL, por los de una moral OSCURANTISTA y REPRESIVA.

EN LA ACTUALIDAD, además de la lucha por los derechos civiles en USA y el reconocimiento de todas las manifestaciones de la sexualidad humana —con la única excepción de la pedofilia y el incesto—, PERSISTEN CULTURAS más LIBERALES que la nuestra EN MATERIA DE relaciones afectivo–sexuales. En la cultura de la Melanesia y en la de la tribu Swain del N. de África, se anima a los adolescentes a mantener relaciones con ambos géneros y la homosexualidad exclusiva es muy rara. Como pueden DEDUCIR por sí mismos, LA CONSIDERACIÓN hacia la conducta homosexual, ES una cuestión CULTURAL y NO un dogma de fe.

EL PRIMER PASO para la liberación de los gays lo dio NAPOLEÓN en 1804 con su nuevo Código Civil, que despenalizaba los actos homosexuales, si se daban entre adultos en condiciones de consentir, siguiendo la tradición laicista y liberal de la Revolución Francesa.

ULTIMAMENTE, muchos gobiernos de muy distintos países, han aprobado leyes que reconocen el derecho de los gays a contraer matrimonio civil, e, incluso, a adoptar niños. A los ESPAÑOLES nos cabe el ORGULLO de haber sido PIONEROS en este tema, DURANTE LA ÉGIDA del Presidente socialista, D. José Luis Rodríguez Zapatero.

Pero el Cristianismo es CULPABLE de mucho dolor moral al SEÑALAR con el dedo ACUSADOR, en una actitud muy POCO cristiana, a los homosexuales y los bisexuales como personas que NO merecen RESPETO alguno. NO es extraño, pues, que ESTOS desarrollen sentimientos de POCA estima y POCA valía; y que lleguen INCLUSO a albergar un sentido de culpa, rabia y odio hacia si mismos. BASTA CON CONSTATAR que las diversas Iglesias Cristianas, SALVO las excepciones ya mencionadas, han PRIVADO a los gays de PARTICIPAR en La Iglesia, de su consuelo y sus frutos espirituales; de IMPEDIRLES acceder al Sacramento del Matrimonio, invitándoles así a relaciones clandestinas y promiscúas; y HAN ABUSADO de dañar los vínculos entre los homosexuales y sus familias heterosexuales; y DE USAR su posición dentro de la Sociedad, como VOCEROS de Dios, para proclamar que las relaciones gays ofenden a Dios y CONTRIBUIR, a sabiendas, a la CRUEL persecución de una población minoritaria.

Incluso los que presumen de PROGRES, que suelen ser agnósticos o ateos, GUARDAN reservas mentales hacia los sexualmente heterodoxos, CUANDO NO hacen mofa de ellos y los marginan en el trabajo, en el deporte y en otras actividades comunitarias y sociales.

¿(IN)MORALIDAD DE LA

BISEXUALIDAD?

Al tratar de DILUCIDAR la moralidad o inmoralidad de la bisexualidad y de las expresiones prácticas de la misma, vamos a TROPEZAR de bruces con el DOGMA católico y con la TRADICIÓN judeo–cristiana de Occidente. Por eso mismo, yo, DESDE la fe en Dios —y nada más que en Dios—, voy a tratar de DESMONTAR, en este capítulo, uno a uno y todos en conjunto, los ARGUMENTOS que tachan de inmoral la homosexualidad y las manifestaciones «homo» de la bisexualidad. Quienes sostienen esto, son LOS MISMOS que nos hicieron ver el sexo como un VICIO sucio y perverso; los mismos que SE OPONEN a la masturbación, al divorcio, a las relaciones prematrimoniales, a los anticonceptivos orales, y a un largo etc.; y, los mismos que, aferrándose a una PARTE de la Biblia, pretenden «ponerle PUERTAS al campo».

Cuando acabé el capítulo titulado BISEXUALIDAD, lo SOMETÍ a la consideración de un SELECTO grupo de INTIMOS y recibí todo tipo de ACOGIDAS, desde las más tibias hasta las más entusiastas. PERO hubo una persona muy querida, que, proclamándose católica radical, me acusó de estar haciendo apología de algo inmoral. Así es, que me veo obligado a NEGAR «la mayor»: ni lo uno, ni lo otro. Los argumentos contra tal SUPOSICIÓN van a ser desgranados, uno tras otro, como una mazorca de maíz, a lo largo de las siguientes líneas. Se tratará de argumentos de PEROGRULLO, tan evidentes y simplones que resulta DIFÍCIL de CREER que las Autoridades Eclesiásticas y los Teólogos los hayan PASADO por ALTO, a no ser que pretendan vendernos «GATO por LIEBRE». Es bien CONOCIDO por la Psicología, que la REPRESIÓN de la sexualidad FACILITA que la gente «COMULGUE con ruedas de molino» en otros temas. ADEMÁS, el concepto genérico de «pecados de la carne», no afecta sólo a la vida sexual de las personas, sino que COMPRENDE otras DEBILIDADES humanas, tales como la gula, el alcoholismo o la pereza.

Ítem más: LA BIBLIA, que recoge los Evangelios Canónicos, y, aún más si comparamos éstos con los E. Apócrifos y los Gnósticos, está llena de CONTRADICCIONES y, por tanto, ADMITE muchas interpretaciones históricas y doctrinales, según lo que se quiera deducir de los versículos que se toman como modelo analítico–deductivo.

INCLUSO, en el Evangelio Secreto de Marcos, hay un pasaje en el que se insinúa una relación homosexual de Jesús con otro joven de Betania, al que había resucitado. Y EN el LIBRO de SAMUEL, la amistad entre David y Jonatan (Samuel 1:26) es interpretada, por autores laicos, como una relación de naturaleza sexual: «Angustia tengo por ti, hermano mío Jonatan, que me fuiste tan dulce. Más maravilloso fue tu amor, que el amor de las mujeres».

ADEMÁS, La. Biblia NO ES un Tratado de Sexualidad Humana y, por eso mismo, tratar de bucear en Ella, buscando aprobaciones o condenas de la vida íntima de las personas, es un ejercicio perfectamente inútil. EN el PRÓXIMO capítulos, les mostraré una nueva interpretación de las condenas Bíblicas, a la luz del conocimiento actual, de la que se deduce que La Biblia no censura a la homosexualidad, tal y como la conocemos hoy.

Pero, de momento, me limitaré a NEGAR que pueda hacerse apología de una CONDICIÓN sexual —y fíjense que NO digo una OPCIÓN sexual—; sencillamente, es un imposible. NO se puede cambiar, A VOLUNTAD, la orientación sexual primaria de nadie, ni tan siquiera la de un adolescente despistado. NO se PUEDE CAMBIAR de traje sexual, como se cambia uno de traje textil.

Es cierto que doté al capítulo mencionado de un TONO panfletario, voluntariamente panfletario. Pero esto tenía un OBJETIVO bien DISTINTO del de ganar ADEPTOS —o sea, de hacer PROSELITISMO—. Se trataba de DESCULPABILIZAR a los bisexuales que ya lo son —y se OCULTAN— y hacerles tomar CONCIENCIA de que CONSTITUIMOS una mayoría capaz de CAMBIAR el rumbo de la Hª.; incluso más, que el movimiento FEMINISTA, que sólo afecta a las hembras del «Homo Sapiens sapiens». En nuestro caso, los PROTAGONISTAS constituirían SENDAS mayorías de los dos géneros. Si pudiésemos trasladar a los AFECTADOS la conciencia de que no están SÓLOS y desamparados, sino que CONSTITUYEN legión, habríamos puesto una PICA en el FLANDES de un nuevo AMANECER para la Humanidad y del FUNERAL por el SISTEMA represor, que padecemos.

Pero, ahora mismo, me apetece entrar a trapo en el tema y afirmar que INTUYO que Dios es más INDULGENTE, en términos de moral sexual, que la propia Iglesia Católica, cuyos SEVERÍSIMOS criterios en esta materia , endosan a la gente una tarea de TITANES, que no de hombres. Quien quiera conocer algunos de los argumentos en que fundamento esta afirmación, debería leerse unos cuantos capítulos de mis anteriores trabajos: «La fe en el tercer milenio» y «Desnudando el alma». En ellos, sostengo que, independientemente de lo que diga el resto de La Biblia, JESUCRISTO, es decir, Dios mismo encarnado, JAMÁS se PRONUNCIÓ sobre la vida sexual de las personas y sus múltiples variantes, ni para bien, ni para mal, tal y como reflejan los Evangelios. Y YA SABEN aquello de que «quien calla, otorga»; o aquello otro que sostiene, que «está permitido todo lo que no está expresamente prohibido».

Es una PENA que la Iglesia se haya convertido en el CANCERBERO de la concepción JUDÁICA de la sexualidad. Eran otros tiempos y otras culturas y los hebreos que escribieron la Biblia trasladaron a la misma sus leyes y costumbres, con su mejor intención y toda su convicción, pero sin advertir que éstas quedarían obsoletas e inservibles tres milenios después. La dramática CONSECUENCIA de lo expuesto anteriormente es que el pueblo llano cada día SE DISTANCIA más del fenómeno religioso. PRIMERO, rechazan a La Iglesia, sus enseñanzas y sus ritos. Y, SEGUNDO, y más grave todavía, acaban negando a Dios y buscando la FELICIDAD en las cloacas de este mundo: la droga, el sexo desenfrenado y el alcohol .OTRO ejemplo de lo que trato de denunciar es la falta de vocaciones. Y, todo, por la ABSURDA moral sexual que sostienen las diversas Iglesias Cristianas, a excepción de las Iglesias Anglicana y Metodista.

Como RESPUESTA a este planteamiento ASFIXIANTE, se ha producido el FENÓMENO de la llamada «Revolución Sexual», que proviene de las postrimerías del pasado siglo y que ha CAMBIADO la relación del individuo con su propio cuerpo y, TAMBIÉN, la manera de entender las relaciones con los demás, sean del género que sean. Otra cosa, sería esclarecer las CONSECUENCIAS de la misma: las ha tenido positivas y negativas. Entre las POSITIVAS, la desculpabilización de la sexualidad y la emancipación de las mujeres. Entre las NEGATIVAS, la banalización del sexo y la generalización de la promiscuidad.

Por otra parte, SIENDO el mismo Dios el que nos ha creado SEXUADOS y, además, en estado de CELO permanente y, FRECUENTEMENTE, con gustos amatorios peculiares o heterodoxos, NO ES lógico, ni justo que nos CONDENE a la castidad más ABSOLUTA, fuera del matrimonio. TODOS los viudos, separados y solteros NO hemos recibido el «DON de la contención», NI estamos preparados intelectual y anímicamente para SUBLIMAR el deseo. Y, si esa es su voluntad, cosa que dudo, NO ES el Dios amoroso, que me enseñaron. Por eso mismo, tengo la certeza o/y la CONVICCIÓN de que Él, a mí, como bisexual, NO me exige que MUTILE esa parte de MI mismo; esa, que la Sociedad y la Iglesia aborrecen.

Teniendo en cuenta que NADIE ELIGE su condición sexual, es ALTAMENTE improbable que Dios CONDENE a aquellos cuya sexualidad se aparte del patrón convencional. SI DIOS NOS HACE DISTINTOS no puede exigirnos que nos comportemos como los del modelo diseñado por la Iglesia y la Sociedad, que, como INSTITUCIONES humanas, son imperfectas y falibles. Para entenderlo, basta con un EJEMPLO: un cojo, que ha nacido cojo, por la Voluntad de Dios, no puede ser objeto de censura por el sencillo motivo de que cojee al andar. Y tampoco puede nadie exigirle, que permanezca inmóvil para evitar que sus actos contraríen «la voluntad de Dios». Pensar lo contrario, además de demencial, supondría atribuirle a Dios un Pecado de Sadismo.

Y es que NO HAY PECADO, DONDE NO HAY LIBRE ALBEDRIO. El VERDADERO libre albedrío, en el caso que nos ocupa, no consistiría tanto en el DILEMA TARDÍO castidad—fornicación gay, como en la POSIBILIDAD ORIGINAL de escoger la propia orientación sexual, cosa que ,hoy por hoy, está FUERA del alcance humano. ADEMÁS, ¿quién puede entrometerse entre dos individuos adultos, que consienten entre si y no hacen daño a terceros? POR OTRA PARTE, los médicos han dejado DE ENSAÑARSE con los pacientes homosexuales, que no eran capaces de aceptarse, SOMETIÉNDOLES a terapias sádicas, que se compadecían más con el concepto que tenemos de la tortura —aplicación de eméticos o/y descargas eléctricas en el momento del orgasmo— que al de las PRÁCTICAS SANITARIAS dirigidas a restablecer la salud. El FRACASO de todos éstos» métodos», les convenció de que no se podía curar la homosexualidad, PORQUE sencillamente, NO ERA una enfermedad, que hubiera que curar.

Y, solamente, queda por rebatir el ÚLTIMO argumento de los CATÓLICOS FUNDAMENTALISTAS, que consideran el coito anal como algo «CONTRA NATURA», sin tener en cuenta que muchas parejas heterosexuales también lo practican, por diversos motivos; por ejemplo, como anticonceptivo natural. Yo quisiera desmontar sus prejuicios y hacerles comprender que, CUALQUIER FENÓMENO que tiene cabida en la Naturaleza, es NATURAL. De esta manera, podríamos poner muchos ejemplos, pero, por su GRAVEDAD, me limitaré a UNO SÓLO:¿ No sería posible TACHAR DE antinatural el hecho de que algunos padres sobrevivan a sus hijos? Desde luego y gracias a Dios, no es un acontecimiento cotidiano. Pero se produce de vez en cuando, porque ES POSIBLE en la Naturaleza. Ya sea por enfermedad o por accidente, es un fenómeno, que PUEDE OCURRIR y, por eso mismo, no ENTRA EN CONTRADICCIÓN con la «naturaleza humana».

Y, volviendo al tema principal, es cierto que, DESDE UN PUNTO DE VISTA ANATÓMICO, el pene parece diseñado para encajar en la vagina, pero, éste, no es sólo un órgano reproductor, sino también un INSTRUMENTO DE PLACER y, como tal, es susceptible de tener USOS ALTERNATIVOS, tales como el onanismo, el sexo oral o la sodomía. Y, es igualmente cierto, que «el Punto G» masculino es nada más , ni nada menos, que la próstata, cuya función principal consiste en producir el semen, vehículo de transporte de los espermatozoides. Pues bien, la próstata, órgano con la forma y el tamaño de una nuez y extremadamente sensible al tacto, se sitúa al extremo del «recto» y, la vía más directa de llegar a ella para estimularla, es el conducto anal, por el medio que sea. Y sino, pregúntenle a un urólogo.

De todo lo dicho anteriormente, sólo puede extraerse una conclusión, si se quiere jugar limpio: lo ÚNICO absurdo y antinatural, son los pronunciamientos de la Iglesia Católica sobre la vida íntima de las personas, TANTO por lo que prohíben, COMO por lo que exigen, puesto que no se limitan a PROPONERLO como un ideal de vida, sino que pretenden IMPONERLO a toda costa y a todo el mundo de una manera Inquisitorial, como si se tratara de la piedra angular sobre la que descansara todo el PESO de su doctrina. La SUCIEDAD está SÓLO en las MENTES de las Cabezas visibles de determinada jerarquía eclesiástica y de algunos conciudadanos, cargados de prejuicios. Tanto INSISTEN en este tema, que resulta altamente sospechoso de TONGO, su OLVIDO de otras cuestiones en las que Jesucristo puso más énfasis que en las mentadas exhaustivamente en el presente texto (por ejemplo, las injusticias socio–económicas). Abundando más en esta línea, cabe recordar que la única vez en la que Jesús hizo uso de la fuerza y la violencia fue contra los mercaderes del Templo. Es más, y sin pretender presumir de ILUMINADO, ÉL mismo, me reveló, de alguna manera, la FRONTERA, que convierte el acto carnal, de lícito, en ILICITO ante sus ojos: la ausencia de todo sentimiento y la apelación exclusiva a la satisfacción de nuestros bajos instintos animales. Dicho DE OTRA MANERA, no tenemos derecho a UTILIZAR a nuestros semejantes, como cuerpos sin alma, para aliviar nuestras calenturas, SIN ninguna CONSIDERACIÓN hacia sus necesidades afectivas como seres humanos. No se nos permite, en definitiva, servirnos de los demás, como si se tratara de un «kleenex», lo que, en inglés, equivale a la marca de «un pañuelo de usar y tirar».

Y, ya para concluir, puedo asegurarles, que, quién sostiene estas tesis, no es una persona dada a la promiscuidad, ni a la lujuria: llevo años viviendo en castidad, más años de los que Vds. puedan imaginar.. Pero MI CELIBATO, que es voluntario, no obedece a RAZONES MORALES, SINO a razones PRÁCTICAS: no me interesa el ir de cama en cama ni me complace el «aquí te pillo, aquí te mato»; me interesa más el encontrar una pareja estable —sea hombre o mujer—, con la que COMPARTIR el último tercio de mi vida. Y este planteamiento vital, no es sólo un MÉRITO mío: cuento con la AYUDA de los efectos secundarios que producen los psicofármacos, que REDUCEN la libido y la necesidad imperiosa de desahogo sexual. SEA COMO SEA, yo no me acuesto sólo con cuerpos más o menos atractivos, sino con personas con las que pueda compartir unas ideas y unos valores. Quién PRIMERO me dé el afecto, el apoyo y la comprensión que necesito, ése, se llevará el gato al agua, porque yo soy como el mismísimo Lucifer: más que los cuerpos, me interesa POSEER también las almas.

¿POR QUÉ LA BIBLIA NO CONDENA LA HOMOSEXUALIDAD?

(Según el célebre libro «UNFAIR Christians and the LGBT Question» de JOHN SHORE y esposa).

Las menciones de la HOMOSEXUALIDAD en La Biblia SON relativamente ESCASAS, tanto en el Antiguo como en el Nuevo Testamento, pero han INFLUIDO en la consideración que se ha tenido acerca de los homosexuales en todas las Sociedades donde la tradición judeo–cristiana ha ARRAIGADO y se han interpretado siempre como PROHIBICIONES morales de toda forma de práctica homosexual, dado que se considera a La Biblia como directamente escrita o INSPIRADA por Dios. Y estamos hablando de seis o siete de los 37.173 versículos de la misma. Pero el hecho mismo de que la homosexualidad sea mencionada tan RARAMENTE en La Biblia DEBERÍA ser, para nosotros, una indicación del GRADO de importancia que le DABAN los autores del mentado texto. POR EL CONTRARIO, La Biblia insiste mucho en la

JUSTICIA, la igualdad, el AMOR y el rechazo del legalismo sobre la compasión y la MISERICORDIA. Como EJEMPLO, basta leer a Juan en los versículos 8:7, a Mateo 7:3, o Lucas 6:41–42. Y, SIN EMBARGO, parece que esto no es muy tenido en cuenta ni por La Iglesia, ni por los fieles.

Los cristianos se encuentran cada vez más DIVIDIDOS acerca de la cuestión de la aceptación e inclusión de personas homosexuales en la Iglesia. El DEBATE en sí mismo está usual y esencialmente REPRESENTADO por poner a La Biblia, de un lado, contra la compasión y la justicia social, por otro. Nuestros corazones cristianos, dice el argumento, nos llevan a dar igualdad moral y legal completa a los gays lesbianas y bisexuales; nuestra fe cristiana, sigue la refutación, nos lleva a adherirnos, sobretodo, a la Palabra de Dios. Pero esto es una FALSA dicotomía, porque Dios no PODRÍA pedir o esperar que los cristianos ELIGIERAN nunca entre su corazón y su fe.

RECONCILIAR a La Biblia con la aceptación, sin reservas, de la gente LGTBI, NO requiere descontar nada de la Biblia, que la refundamos, la desconstruyamos o reinterpretemos. Si NO HAY una directiva claramente establecida en La Biblia para marginar y condenar al ostracismo a la gente gay, entonces, el que los creyentes continúen haciéndolo es moralmente INDEFENDIBLE, porque se encuentra en clara VIOLACIÓN de lo que Jesús CONSIDERÓ, en el N. Testamento el MÁS importante MANDAMIENTO de Dios: amar al prójimo como a uno mismo.

Un principio FUNDAMENTAL del Cristianismo es CONSIDERAR que TODOS somos pecadores NATOS. Y, así, los fieles ACEPTAN como INEVITABLE, que cualquier creyente, en ALGÚN momento, beberá demasiado, mentirá o sentirá lujuria. Pero los cristianos NO piensan que se ESPERE de ellos que NUNCA cometan ningún grado de esos pecados. Entienden que las CIRCUNSTANCIAS y la DEBILIDAD HUMANA normal, deben de ser tomadas en cuenta antes de CONDENAR cualquier TRANSGRESIÓN. INCLUSO, no juzgamos un pecado tan horrendo como el ASESINATO, sin ANTES tener en cuenta el CONTEXTO en el que ocurrió: por ejemplo, la defensa propia. Se tienen EN CUENTA el DAÑO causado por el pecado y la intención de quién lo cometió. Lo hacen así para TODOS los pecados, EXCEPTO para la homosexualidad. Virtualmente, cualquier grado de «transgresión homosexual» es tratada por los fieles como un pecado ABSOLUTO, MERECEDOR de un castigo absoluto, INCLUIDO el sexo entre dos personas HOMOSEXUALES y DEVOTAS, que se AMAN. Así pues, como no hay NINGÚN daño demostrable que surja del sexo entre dos personas en una RELACIÓN homosexual COMPROMETIDA y SI que HAY un daño significativo demostrable que surge de la discriminación y condenación contra las personas homosexuales, debemos CONCLUIR que la expresión sexual que es cariñosa, integradora y enriquecedora es COMPLETA y MORAL Por el contrario, la expresión sexual, que es explotadora, falta de amor e insensible, es INMORAL, tanto si es homosexual como si es heterosexual.

En el A. TESTAMENTO, aparecen DOS menciones breves en Levítico 18:22 y 20:13. Y OTRA en el Génesis, al ATRIBUIR la destrucción de Sodoma y Gomorra a las prácticas homosexuales de sus habitantes (de ahí, «sodomía»), aunque en el texto NO se especifica. Por el contrario, SI se especifica que dicho holocausto se produjo porque Abrahán NO fue capaz de ENCONTRAR ni tan siquiera 10 hombres JUSTOS en cada una de dichas ciudades.

Además, ha habido mucha CONTROVERSIA, en tiempos modernos, sobre esta interpretación, BASÁNDOSE principalmente en términos lingüísticos: La Biblia hebrea usa la palabra «kadeshah» para prostituta, pero el significado de su forma masculina («kadesh o qadesh»), que es la acepción que SE UTILIZA en el Génesis, NO está del todo clara.

Y, por si todo esto fuera poco, en la PRÁCTICA, los cristianos no siguen ya los DICTADOS del A, Testamento, aceptando las INSTRUCCIONES de Pablo, que aparecen en Hebreos 7:18–19, en Gálatas 3:23–25, en Romanos 7:4 y en Romanos 6:14. SI lo hicieran, la poligamia sería LEGAL y ESTARÍAN prohibidas ciertas cosas, como los tatuajes o comer carne de cerdo, etc. ADEMAS, el día de oración cristiano sería el sábado en lugar del domingo y los fieles tendrían que matar por lapidación a cualquier otro creyente culpable de adulterio.

Por lo tanto, usar los pasajes del A. Testamento para condenar TODOS los actos homosexuales, NO es seguir ninguna DIRECTIVA de Dios, ni de las manifestaciones de fe de los cristianos contemporáneos.

Ahora QUEDAN por dilucidar las condenas del NUEVO TESTAMENTO, que APARECEN en Cartas de Pablo a/o acerca de Iglesias distantes emergentes. Estas se concretan en la Epístola a los Corintios 6:9–10; en la Carta a Timoteo 1:9–10; y, sobretodo, en la Epístola a los Romanos 1:24–27, donde aparece la ÚNICA alusión a la homosexualidad FEMENINA y CONSTITUYE la condena más explícita e inequívoca de todas las practicas homoeroticas.

SIN EMBARGO, esta referencia que Pablo hace en Romanos, tiene un significado LÓGICO, SIN estar condenando la homosexualidad tal y como la conocemos HOY. PRIMERO, Pablo utiliza la palabra «dejando»: los hombres «dejaron» su gusto natural por las mujeres y lo cambiaron por hombres, de lo que se deduce que se refiere a esos hombres heterosexuales, que tomaron a otros para humillarles y satisfacer sus propias calenturas.

POR OTRA PARTE, los versículos de la Carta a los Corintios, también ha sido objeto de CONTROVERSIA por motivos lingüísticos: La palabra traducida por «afeminados y homosexuales» ha representado, durante siglos, un DESAFÍO para los traductores e intérpretes. El término *arsenokoitês* es muy INUSUAL y no se HABÍA usado anteriormente para referirse a la homosexualidad, PUESTO QUE en la cultura griega se usaba la palabra *androkoitês*. La literatura cristiana POSTERIOR usa la palabra refiriéndose a la prostitución, la violación, el incesto, etc., SIN un SIGNIFICADO único claro. Por tanto, el significado del término *arsenokoitês* PERMANECE oscuro y ambiguo.

Por otra parte, Pablo CONDENA la actividad sexual coactiva, excesiva y predatoria entre personas del mismo sexo, practicadas por los romanos, AUNQUE entre ellos se consideraban normales y socialmente aceptables. Estas prácticas de sexo NO consentido, ERAN promiscuas y NO tenían freno: INVOLUCRABAN a hombres mayores y niños, hombres y prostitutos y, finalmente, hombres y esclavos. Como un hombre MORAL, Pablo ESTABA asqueado por estos actos, de la misma manera, como, seguramente, lo hubiera estado por los MISMOS actos de haber sido de NATURALEZA heterosexual.

Además, el CONCEPTO de que una persona fuera homosexual, NO existía cuando La Biblia fue escrita. NADIE, en la época de Pablo, estaba «fuera del armario», como tampoco nadie vivía o se manifestaba públicamente de ninguna manera como homosexual, A RIESGO de ser lapidado. Pablo no tenía CONCEPTO de una población entera de gente que, como condición fundamental e inalterable de su existencia, estaban sexualmente atraídos por personas del mismo género. Ítem más: NINGUNA palabra griega o latina se corresponde con el término moderno «homosexualidad». PODEMOS estar SEGUROS de que Pablo no estaba escribiendo ACERCA de la gente gay, porque sencillamente No podría haberlo hecho, como TAMPOCO podría haber escrito SOBRE los Smartphones o los Ipads.

Sentir REPULSIÓN a nivel personal por las prácticas HOMOEROTICAS, no hace que las prácticas sexuales gays SÉAN un pecado. Es NORMAL, que cualquiera de nosotros se sienta repelido por la idea del sexo con personas por las que no sentimos ningún tipo de atracción sexual. Por EJEMPLO: ¿Quién no se siente muy MOLESTO por la idea de sus padres teniendo sexo? Cuando desde un punto de vista racional, debería de alegrarnos que lo hayan hecho.

Puede PARECERLE a un creyente heterosexual, que su reacción negativa instintiva hacia el sexo gay, parte de La Biblia. Pero todos nosotros VEMOS La Biblia A TRAVES de la LENTE de nuestras propias experiencias y prejuicios; y DEBEMOS ser muy cuidadosos de que esta lente NO distorsione nuestra visión o nuestro entendimiento de la Palabra Santa de Dios. La indignación NO es siempre indignación moral, aunque las dos se sienten igual.

Los fieles han seguido siempre los dictados del N. Testamento, de una manera SELECTIVA, pues el entendimiento y prácticas de sus prescripciones ha EVOLUCIONADO de forma natural e inevitable, JUNTO con la cultura y las costumbres sociales de las que son parte. POR ESTE MOTIVO, las mujeres cristianas ya no se sienten moralmente obligadas a seguir las directivas de Pablo de dejar su cabello sin cortar, de mantener sus cabezas cubiertas en la Iglesia y de permanecer siempre calladas en el Templo. POR ESO MISMO, ya no se usa La Biblia para justificar la cruel institución de la esclavitud o para negarles a las mujeres el derecho al voto. Así, como estos pensamientos y entendimientos del N. Testamento, cambiaron y crecieron, así es que hoy los TRES pasajes del N. Testamento comúnmente UTILIZADOS para condenar a los homosexuales, cuando SE ENTIENDEN en su contexto histórico, no CONSTITUYEN una directiva de Dios acerca de la gente LGTBI de hoy.

Y, ya para finalizar, VOLVERÉ a citar a Pablo, en su Primera Carta a los Corintios 13: 8–13: «Ahora, pues, permanecen estas tres virtudes: la fe, la esperanza y el amor. Pero la más excelente de ellas es el Amor».

El MENSAJE de Jesús era el Amor. Jesús PREDICÓ el Amor. Jesús ERA Amor. Los cristianos que DESEEN hacer y vivir la VOLUNTAD de Jesús, están moralmente obligados a ERRAR siempre en el lado del Amor. SI SE TOMA EN CONJUNTO, la evidencia —el contexto social en que La Biblia fue escrita; la falta del mismo concepto de persona homosexual en tiempos de Pablo; la prohibición de que los homosexuales contraigan matrimonio; la discriminación de una población minoritaria por parte de la población mayoritaria; la injusticia del castigo consistente en la exclusión de la Iglesia de Dios en la Tierra y del amor humano en general, por una forma de ser sobre la que no hay elección— MUESTRA QUE elegir, condenar y excluir a los homosexuales basándose en seis o siete versículos de La Biblia, ES LA ELECCIÓN moralmente incorrecta. Esa evidencia DEBERÍA, en su lugar, LLEVAR a la más obvia y cristiana de todas las posiciones: integrarlos plenamente en la Iglesia —haciéndoles partícipes de sus frutos espirituales— y permitir el matrimonio gay —con la finalidad de que no pequen fuera del matrimonio—, siguiendo a Pablo, cuando afirma que «la mayor de todas es el Amor».

GÉNESIS, HISTORIA y
CONSECUENCIAS

DE MI CASO

Desde que rompí cualquier tipo de vínculo con lo que me resta de familia, como medida higiénico–defensiva para preservar mi salud mental, han comenzado a desbloquearse —no sin dolor— muchos recuerdo de mi vida pasada y de mi desarrollo psicosexual, desde la más temprana infancia. De esta manera, comienzo a tener memoria de los acontecimientos que me condicionaron y me convirtieron en la persona que ahora soy, con sus luces y sus sombras.

Y me siento en condiciones de reconstruir mi infancia, pubertad y adolescencia, etapas vitales que gestaron mi personalidad y mis intereses eróticos, sin mencionar ni implicar a terceros.

Voy a intentar relatarles éstos acontecimientos de manera muy resumida, obviando muchos detalles y nimiedades puesto que todavía tienen una enorme carga emocional de dolor e impotencia que me impediría ser objetivo, para poder trazarles un mapa histórico con los hitos que jalonaron mi camino hacia la bisexualidad, muy a mi pesar.

Imagínense Vds. un padre déspota, que les azotara e insultara brutalmente por el «terrible delito» de ignorar «el balón de reglamento», que le habían traído los Reyes–Padres Magos de Oriente, en lugar del traje de gladiador romano que Vds. habían pedido. ¿Qué hubieran hecho en mi lugar, de tener personalidad propia? ¿Adorarle e intentar complacerle? ¿O. tal vez, rebelarse y perseverar en la misma actitud, muertos de miedo y pletóricos de odio y resentimiento? Al escoger esta última opción, se agriaron para siempre las relaciones entre ambos —como me hizo ver mi madre en más de una ocasión— y, sólo tras su muerte prematura pude comprenderle parcialmente —lo hacía altruistamente: sólo «por mi bien»— y perdonarle absolutamente: ya no podía hacerme más daño «¡por mi bien!». Y, de este modo, me convertí en víctima de malos tratos físicos y psíquicos; y desarrollé una neurosis obsesivo–compulsiva, que fue reforzada por las «desinteresadas y salvajes» medidas represoras, que tomó sobre «mi desarrollo psicosexual» y que me impidieron «llevar una vida normal» y aceptarme plenamente hasta no hace tantos años. Muy al contrario, mi neurosis derivó hacia un Trastorno Bipolar de origen psicógeno.

Mi padre —como tantas otras personas de su generación— fue un mártir de la represión sexual del nacional catolicismo de la postguerra española y estaba convencido de que la masturbación era nociva para la salud. Sin embargo, aunque tenía derecho a aconsejarme, según su criterio, no tenía derecho a imponerme sus ideas por la fuerza bruta, es decir, de convertirme a mí en víctima de su misma suerte. Así, cada vez que yo iba al cuarto de baño, él entraba detrás de mí —a puntapiés con la puerta, si se terciaba—, para impedir que practicara el onanismo en el W.C.. Y, yo, en mi inocencia juvenil, acabé por asociar, sólo Dios sabe por qué, la prohibición de masturbarme, con el deseo de cohabitar con las mujeres de mis primeras fantasías eróticas, de manera que se abrió, por lo menos, la duda sobre el objeto sexual de mis preferencias. No consiguió nunca —como en tantos otros aspectos de mi vida— que le hiciera caso, porque la masturbación era, para mí, una de las pocas satisfacciones —además del comer y el estudiar— que obtenía de la vida en mi pubertad y adolescencia, pero, durante muchos años se convirtió en un ritual mecánico, exento de imágenes o fantasías. Hasta que, un «nefasto» día, apareció la primera imagen masculina, que, con el paso de los años, fue reforzada por los orgasmos asociados a ella.

Pero, por si toda esta panoplia de brutalidades y medidas represoras, fuera insuficiente para torcer el «correcto» desarrollo psicosexual de un adolescente «normal», estén atentos a lo que sigue.

Yo, que tuve una infancia básicamente feliz y que jugaba «a los médicos» con una pareja de niños vecinos —chica y chico—, acabé convirtiéndome en un adolescente amargado, acomplejado , inseguro y resentido por «no ser como los demás» —tal y como reflejan las fotografías anteriores o posteriores a los acontecimientos relatados—. Y, una vez más, mi padre tuvo algo que ver en ello.

¿Qué es lo peor que le pueden llamar a uno, sus compañeros de Instituto? Pues, sin duda, «pelota y maricón». ¿Y qué creen que me llamaban a mí? Pues, «pelota» —por haber hecho amistad, en la escuela, con el hijo del director, ignorante de su cargo— y «maricón» —por no pellizcar los pechos de las chicas como los demás—, sin tener en cuenta que yo era, por lo menos, un año más joven que mis compañeros y que «no me enteraba todavía de la película».

Ningún muchacho, que sufriera un acoso semejante por parte de sus compañeros de aula y tuviera un padre «mínimamente comprensivo», hubiera dejado de pedirle ayuda y apoyo para afrontar tal situación, pero yo no podía recurrir a él, ni tan siquiera como desahogo. Yo no tenía un padre «mínimamente comprensivo», sino un cafre, que formaba parte del «pelotón de fusilamiento», porque él era el primero en acusarme de «marica», a causa de los pitos de la voz aflautada, que se produce, en algunos muchachos, al pasar de la infancia a la pubertad y a la adolescencia. Y, como yo me asustaba mucho ante la cólera —apretaba mucho los dientes— y los connatos de arcadas con la que me hacía ver su disgusto «per la veueta» y habría desmesuradamente los ojos, como única salida ante mi pánico, se sentía culpable y acababa por pegarme de nuevo.

Como pueden deducir por sí mismos, mi conflicto se volvía así en irresoluble, por la ausencia de cualquier vía de escape. El triste resultado de todo esto, fue que consiguió justo el objetivo contrario al que pretendía, pues obró como una suerte de «castración psíquica».

En realidad, mi padre no me quería a mí, como yo era, sino a un modelo de hijo ideal, que tenía en su cabeza, tal y como le dijo, en una ocasión el psiquiatra que me atendía y al que acabó aborreciendo por eso mismo. Como yo no me ajustaba a ese patrón, me rechazaba, me vejaba, me maltrataba física y mentalmente e intentaba forzarme a seguir el camino que sus deseos dictaban. Para ser de su agrado yo tenía que haberme convertido en un D. Juan, en un empleado de banca y en un futbolista profesional, es decir, para vivir a través de mí, todas sus frustraciones: lo que a él le hubiera gustado ser y nunca fue.

Y, por lo que respecta a mi madre, tampoco colaboro nada en que yo pudiera identificarme con «el papá». Ella, que también sufrió las consecuencias de un padre castrador y un marido represor (hasta la violencia), después de recorrerse todos los confesionarios de la ciudad y recibir siempre el mismo consejo —«paciencia, hija, paciencia»—, acababa por desahogar sus aflicciones sobre sus hijos: nos reunía a mi hermana y a mí en el sofá, abrazándonos y contándonos lo mucho que la hacía sufrir y lo infeliz que se sentía por su maldito genio. Y, además una vez fallecido mi padre, me convirtió en MISÓGINO, al decidir vivir sola, para fundirse toda la herencia del dictador difunto, apartándome de su lado como la basura que se arroja al contenedor y diciéndome claramente que yo la estorbaba, a pesar de que me encontraba muy enfermo. Y mi hermana la apoyó, si no la instigó. Esto es más inmoral que cualquier actividad homoerótica.

Hubo otras circunstancias tóxicas que gravitaron sobre mi desarrollo psicosexual provenientes de otras personas de mi familia, amigos y compañeros de Instituto, pero no las mencionaré, porque resultan irrelevantes cotejadas con las que les he relatado.

Durante muchos, muchos años, estuve negando esa otra parte de mí —lo que equivale a negarse uno mismo— y buscando mil excusas para no afrontar mi realidad y disfrutarla —o padecerla— con toda su crudeza; lo único que conseguí fue perder el tiempo. Y, al final, me di cuenta de cuál era el verdadero motivo, que me impedía ser el dueño de mi destino: no quería darles la razón a aquellos que me etiquetaron prematuramente. Y, de esta manera, conseguí tomar las riendas de mi vida firmemente y hacerme con el valor de escribir el presente texto.

Reciban todo mi agradecimiento, si me han acompañado hasta aquí en la lectura de este libro. ¡ANIMO!: Ya queda menos.

INVITACIÓN o/y

CONVOCATORIA

Entre el ALARDEAR y el presumir; y el SECRETISMO, la ocultación y la DOBLE VIDA; existe un término medio, que es la DISCRECIÓN. Una vida discreta, que no haga rechinar las estructuras sociales por acción u omisión, es el MODELO que deben seguir los bisexuales y, de esta manera, se irá HACIENDO CAMINO AL ANDAR. Se trata de ser flexible como el JUNCO, que se mece de un lado al otro, al compás del vendaval y no como el ROBLE, que, en su robustez, ofrece una sólida resistencia a la tormenta y acaba siendo arrancado desde sus raíces. Y esto requiere convertirse en TRANSPARENTE, sin negar ni afirmar nada de manera rotunda, lo cual tiene la ventaja de que los demás, cuando te examinen, no te vean a ti, sino que vean, a través de ti, LO QUE DESEEN VER.

Sin embargo, antes habrá que dar tres pasos imprescindibles y, probablemente, dolorosos: ASUMIRSE, REVELARSE y REBELARSE.

ASUMIRSE implica reconocer ante uno mismo la propia DIFERENCIA y no tratar de reprimir la propia sexualidad, pese a quien pese. Y, POR SUPUESTO, renunciar a todo tipo de EXCUSAS, para aplazar este paso *SINE DIE*. Si alguien tiene DIFICULTADES para aceptarse, o incluso, para reconocerse, debería de BUSCAR ayuda profesional. A VECES, el abordar primero, A BOCAJARRO, el segundo paso, puede ser de gran ayuda para superar el primero. ASÍ, no solo se matan dos pájaros de un tiro, sino que se demuestra la propiedad conmutativa de la multiplicación: «el orden de los factores no altera el producto».

El siguiente paso —REBELARSE— puede ser el más duro de todos, porque SUPONE hacer PÚBLICO el secreto tan celosamente guardado durante años. ¿A quién contárselo?, ¿qué reacciones tendrán los demás?, ¿por dónde empezar? Yo lo he hecho mediante este libro. Y Vds. ¿cómo diablos lo harán?

El tercer y último paso —REBELARSE— consiste en hacer frente a las MENTALIDADES reduccionistas, que pretenden CLASIFICARNOS siempre en uno de los dos extremos: homosexual o heterosexual, que, como les he explicado, es una FALSEDAD monumental: no es imprescindible situarse siempre de uno u otro lado del rio; con frecuencia, puede uno ubicarse EN MEDIO DEL RIO, a fin de capturar más y mejores peces, que en las orillas A MÍ no me gustan ni todas las mujeres ni todos los hombres. A mí me gusta todo lo bello: por lo general, me gustan los hombres atléticos y las mujeres esculturales. Podemos CONSENTIR que se nos llame ambiguos, indefinidos, suzukis, híbridos o andróginos, pero no invertidos, maricones, lesbianas u homosexuales. Y, de esta manera, «que cada palo, aguante su vela».

La humanidad CAMBIA sus CRITERIOS culturales y morales cada cierto tiempo, pero se mueve COMO un viejo y pesado MASTODONTE: con inusitada lentitud. Podemos afirmar, por EJEMPLO, que los derechos laborales de los trabajadores son, hoy, mucho mejores que en los tiempos de la Primera Revolución Industrial del s. XIX y que este progreso ha costado sangre, sudor y lágrimas, aunque, en la actualidad, algunos pretendan volver atrás en el túnel del tiempo. Pues bien, esta es la MAGNA tarea que nos depara el FUTURO de los bisexuales, hasta conseguir la plena INTEGRACIÓN.

Para conseguir este objetivo, es imprescindible REVE-LARSE, que no es más complicado que COMUNICAR a las personas, que uno sienta más próximas —familia, amigos y, en su caso, pareja heterosexual e hijos— su verdadera AMBI-GÜEDAD sexual. Y, esto, puede hacerse de DIVERSAS maneras, SEGÚN las necesidades y circunstancias. Les ofrezco, A CONTINUACIÓN, unas cuantas ideas:

En ocasiones, una simple CHARLA basta para aclarar las cosas y evitar MALENTENDIDOS posteriores, que pudieran PROVOCAR escenas DRAMÁTICAS. Otra POSIBILIDAD, más IMPACTANTE, consiste en PRESENTAR a la pareja del mismo género, para evitar reacciones iniciales DESMESU-RADAS, ante la presencia de una tercera persona. Y, si TO-DAVÍA le ASUSTA enfrentarse a esta tarea imprescindible, AÚN le queda un RECURSO más, para ir preparando el te-rreno y PROVOCAR que sean ellos los que pregunten Esta tercera y CAUTA posibilidad consiste en REGALAR, a los que nos conciernen, el libro del Dr. Charles Silverstein «Un asunto de familia: guía para padres sobre la homosexualidad»

Pero todo esto NO cierra el ASUNTO. A partir del secre-to revelado, se abre todo un proceso de DIGESTIÓN de la verdad y de que no tiene una SOLUCIÓN a gusto del con-sumidor, desde el conocimiento científico HUMANO. Así, los PADRES suelen sentir vergüenza, rabia y culpa cuando lo descubren; los AMIGOS pueden sentirse estafados; la PARE-JA heterosexual puede tener un arrebato de inseguridad, que le obligue a pedir el divorcio y los HIJOS, si los hay ,pueden sentirse confundidos, abandonados e, incluso, culpables .En CUALQUIER caso, el dolor y la cólera del primer momento SUELEN, con el bálsamo del tiempo, ser SUSTITUIDOS por una comprensión primigenia y una ACEPTACIÓN más tardía, DE TAL MANERA, que se llegue a mantener BUENAS relaciones con todos los mencionados.

Y NO se preocupe MÁS: rara vez suelen darse las escenas dramáticas. Aunque NO espere, por supuesto, que le animen y le aplaudan.

Si le quieren DE VERDAD, acabarán aceptándole y, SINO, simplemente no le merecen, ni son dignos de Vd.

Pero no seamos PESIMISTAS: quizás alguno de esos allegados le dé la grata sorpresa de confesarle su bisexualidad u homosexualidad, que le obliga a llevar una vida secreta o una doble vida y, ENTONCES, «miel sobre hojuelas»: tendrá un/a ALIADO/A.

Finalmente, les CONVOCO para que, en el SEPTIMO aniversario de la PRIMERA edición de este libro y, coincidiendo con el día del ORGULLO gay, reúnan el VALOR suficiente y se REVELEN todos juntos, con una gran SENTADA en LA Plaza del Ayuntamiento de su pueblo o ciudad, a la hora que se concierte.

Este libro se imprimió en Madrid
en julio del año 2017

«Cantaban las Musas que habitan las mansiones olímpicas,
las nueve hijas nacidas del poderoso Zeus.
Calíope es la más importante de todas,
pues ella asiste a los venerables reyes».

HESÍODO, *Teogonía*, 1-103

www.ingramcontent.com/pod-product-compliance
Lightning Source LLC
Chambersburg PA
CBHW060416050426
42449CB00009B/1987